Der langsame Tod des Roland Barthes

Hervé Algalarrondo

Der langsame Tod des *Roland Barthes*

Aus dem Französischen von Dino Heicker

parthasverlag

Für meine Mutter

Impressum

1. Auflage Februar 2010

© 2010 Parthas Verlag Berlin

Gabriela Wachter

Planufer 92d · 10967 Berlin

www.parthasverlag.de

Alle Rechte vorbehalten

Die Originalausgabe erschien unter dem Titel »Le derniers jours
de Roland B.« ©2006 bei Edition Stock, Paris, France

Umschlaggestaltung: Pina Lewandowsky

Satz: Gabriela Wachter

Lektorat: Katharina Raub

Umschlagabbildung: © Philipp Zechner

Gesamtherstellung: Friedrich Pustet KG

ISBN 978-3-86964-023-5

Inhalt

Prolog 9

1 Die Antrittsvorlesung 12

2 Roland und Mam 20

3 Ein Bestseller 29

4 Die Houëlianer 35

5 Brume-sur-Mémoire 42

6 Das Urter Tagebuch 49

7 Die Amputation 55

8 Ein Mann im Winter 60

9 Ein anschmiegsamer Schwuler 67

10 »Ein Reifen, der Luft verliert« 72

11 Marokkanischer Geistesblitz 79

12 La Marsa 85

13 Das Phantom des Palace 91

14 Proust und ich 97

15 Roland in New York 104

16 Kirschen im Winter 110

17 Schluss mit der Tretmühle 116

18 Philippe und Bernard 120

19 Mams Kammer 127

20 Der Aufreißer vom Flore 132

21 Romaric und Myriam 138

22 »Vita nova« 143

23 Strasbourg-Saint-Denis 147

24 Éric und Claude 152

25 Kleinanzeigen 158

26 Von Gig zu Gig 164

27 Liebe am Nachmittag 170

28 Trauer um die Jungs 175

29 Der dritte Trauerfall 180

30 Verstellung 185

31 Todessehnsucht 191

32 Die letzte Vorlesung 195

33 Der letzte Reinfall 199

34 Ein Mittagessen der Spitzenkräfte 203

35 Ein schlechter Patient 208

Epilog 215

Danksagung 219

Bibliografie 221

Die Menschen gewinnen, wenn sie berühmt sind: Sie gewinnen an Geheimnis.

Jean Paulhan

Wenn ich Schriftsteller wäre und tot, dann würde es mir sehr gefallen, wenn sich mein Leben durch die Bemühungen eines freundlichen und ungenierten Biografen auf ein paar Einzelheiten, ein paar Neigungen, ein paar Betonungen reduzierte [...]: alles in allem ein durchlöchertes Leben.

Roland Barthes

Prolog

Auf der Straße macht mich der Anblick anonymer Passanten betroffen, die offensichtlich auf den Hund gekommen sind. In meiner Erinnerung dämmern Bilder eines in Tränen aufgelösten Mannes herauf, der sich in einem Telefonhäuschen auf den Grand Boulevards windet, eines Typen, der die vorbeifahrenden Autos in der Rue de Rivoli anschreit. Aber niemals hätte ich mir vorstellen können, einmal einen Star in einem ähnlichen Zustand anzutreffen – und Roland Barthes war Ende der 1970er-Jahre mit Sicherheit ein Star.

Es trug sich während eines Konzerts von Serge Gainsbourg im Palace zu, damals der Tempel des Pariser Nachtlebens. Ein gnädiger Zufall hatte mir am Premierenabend einen Platz in einer Loge zwischen Louis Aragon und Roland Barthes beschert. Wie sehr unterschieden sich doch diese beiden Ikonen! Der Dichter strahlte, der Meisterdenker brütete dumpf vor sich hin. Dem Dichter kam gerade seine Muse abhanden. Allem Anschein nach wirkte das befreiend auf ihn. Inmitten eines Trupps junger Menschen hatte seine Fröhlichkeit fast schon etwas Obszönes. Das Elend des Meisterdenkers aber auch. Elend? Noch 25 Jahre später sehe ich einen niedergeschlagenen Mann vor mir, versunken in ein Schweigen, das völlig im Gegensatz zu dem Tohuwabohu im Saal steht.

Zweifellos hätte ich dieses Bild stillschweigend in meinem Privatalbum abgelegt, wenn nicht das Schicksal so bald danach zugeschlagen hätte. Einige Tage später überfuhr ein Lieferwagen Barthes vor dem Collège de France, wo er jeden Samstagmorgen Vorlesungen vor einer vor Ehrfurcht erstarrten Hörerschaft abhielt. Einen Monat später starb er im Krankenhaus. Durch einen befreundeten Journalisten erreichte mich das in Literatenkreisen kolportierte Gerücht, Barthes habe sich aufgegeben. Wie Aragon verlor er eine Frau, die ihm teuer war, ja wesensgleich: seine Mutter. Aber dieser Verlust – weit davon entfernt, ihn zu befreien – hatte ihm die Lust am Leben genommen ...

Vor dieser Begegnung im Palace war Barthes für mich nur ein Name gewesen. Trotzdem hatte ich schon sehr bald Lust, von seinem Niedergang Bericht zu erstatten. Ein Verleger versicherte mir jedoch, das Projekt sei nicht zu verwirklichen, es sei zu bilderstürmerisch. Niemals würden die Freunde des Meisters damit einverstanden sein, über seine letzten Tage zu sprechen. Vergeblich erklärte ich, dass ich keineswegs ein Denkmal vom Sockel stürzen, sondern ihm lediglich seinen Teil Menschlichkeit geben wollte, aber da war nichts zu machen.

Warum greife ich dieses Projekt 25 Jahre später wieder auf? Ich habe gerade meine Mutter verloren. Ihr Tod hat mich in eine diffuse Traurigkeit gestürzt – in nichts zu vergleichen mit der Verzweiflung, die Barthes ergriffen hatte. Aber in diesem Moment kreuzte er noch einmal meinen Weg – im Landhaus eines Freundes, als ich in der Bibliothek herumstöberte. Neben einem Scrabble-Wörterbuch entdeckte ich eine Originalausgabe von *Die helle Kammer*, seinem letzten Buch.

Die ersten Seiten waren, dem Ruf des Meisters gemäß, Wissenschaftsjargon. Kurz davor, das Werk an seinen Platz zurückzustellen, stieß ich auf einen Abschnitt, in dem Barthes seine verstorbene Mutter heraufbeschwört. Es war nicht mehr dasselbe Buch. In einem klaren Stil seziert er sein Empfinden angesichts eines Fotos seiner Mutter, das sie als Kind in einem Wintergarten zeigt. Ich sollte meine Begegnung damit stets in Ehren halten.

Im Verlauf meiner Nachforschungen habe ich dann den Grund für dieses Projekt entdeckt. Nach dem Tod seiner Mutter hat Barthes mit großem Elan daran gearbeitet, vom Essay zum Roman vorzudringen. Sein Vorbild: Marcel Proust, der in die Literatur eingetreten war nach ... dem Tod seiner Mutter. Neben seinen Vorlesungen hielt Barthes Seminare für eine kleinere Hörerschaft ab. Das letzte wurde »Proust und die Fotografie« getauft. Für dieses niemals abgehaltene Seminar existiert nur ein Einführungstext, dem eine ulkige Warnung voransteht: »Nichts für Nicht-Marcel-Fans.« Im Alter war Barthes, eigenem Bekunden nach, mehr vom Menschen als vom Werk fasziniert, mehr von Marcel als von Proust. Ich überlasse Barthes aus freien Stücken den Barthes-Anhängern, um mich auf Roland zu konzentrieren.

Roland. Diejenigen, die seine Mutter gekannt haben, erzählen, sie habe diesen Vornamen ständig auf den Lippen geführt. So auch im letzten Sommer in ihrem Landhaus in Urt in der Nähe von Bayonne. Das Herz immer schwächer, die Beine immer schwerer, ging sie nicht mehr aus und igelte sich in ihrem Zimmer im ersten Stock ein. Zur Stippvisite der Brüder Bogdanov, die auf Nachbarschaftsbesuch aus Gers kamen, war sie in den Salon hinuntergestiegen. Gegen Ende des Nachmittags hat der Meister seine Gäste in den Garten geführt. Da ertönte die Stimme der Mutter: »Roland, leg dir einen Schal um, es ist kalt.« Keinerlei Gereiztheit beim Sohn, ganz im Gegenteil. »Ja, Mama, ich werde ihn mir gleich umlegen.« Er war 61 Jahre alt. Sie 84. Sie hatten ihr ganzes Leben zusammen verbracht, gemeinsam mit dem kleinen Bruder.

Auf der Suche nach Roland, das ist das Ziel meiner Erkundung. Und das ist nichts für Nicht-Roland-Fans ...

1 Die Antrittsvorlesung

Sie war da, in der ersten Reihe. Der kleine Bruder hatte sie im roten Käfer des Meisters mitgenommen. Roland spielte gern den Beschützer und hielt seine Familie von den Kabalen der Gelehrtenwelt fern. Aber diese Antrittsvorlesung am Collège de France stellte für ihn eine wirkliche Weihe dar, besaß er doch, da in der Jugend an Tuberkulose erkrankt, praktisch keinen richtigen Universitätsabschluss. Hat er den übervollen Saal mit seiner Mutter am Arm betreten und führte sie an den ihr reservierten Platz? Sein Biograf glaubte das bejahen zu können. Einige Augenzeugen sind sich da nicht so sicher. Sie können sich nicht an einen derart theatralischen Auftritt erinnern. Aber da war die Mama bereits sehr krank. Vielleicht musste sie sich auf den Arm ihres Sohnes stützen, um zu ihrem Stuhl zu gelangen.

In der ersten Reihe sieht sie sich von den Stars des Collèges umgeben, zum Beispiel Michel Foucault und Louis Leprince-Ringuet, und den dem Meister nahestehenden Berühmtheiten des literarischen Paris, wie Alain Robbe-Grillet und Philippe Sollers. Letzterer küsst ihr die Hand. Roland schmeichelt diese galante Geste. Jene Antrittsvorlesung stellte ein fast genauso mondänes Ereignis dar wie Serge Gainsbourgs Rückkehr nach Paris drei Jahre später. Nur den geladenen Gästen stehen Sitzplätze zur Verfügung. Die anderen Teilnehmer müssen zu einem Notbehelf Zuflucht nehmen, sich auf den Boden setzen oder gar vor der Tür bleiben. Die Popularität des Meisters hat damals ihren Höhepunkt erreicht. »Das war Bergson«, bestätigt Sollers.

Mit 61 Jahren verlasse er endlich die Schule, um auf die Universität zu gehen, witzelte er. Bei der Schule handelte es sich um die École pratique des hautes études, in die er 1966 eingetreten war. Er hielt dort zugangsbeschränkte Seminare ab, deren Teilnehmer er selbst auswählte, wobei Äußerliches ebenso wie akademische Qualifikation berücksichtigt wurden. Nach seinem 50. Geburtstag hat er die Gesellschaft von Gleichaltrigen gemieden und die junger Männer bevorzugt. Mithilfe seiner Seminare hat er ein Netz junger, meist homosexueller Intellektueller geknüpft, die eine zweite Familie für ihn bildeten. Fast alle, die er gegen Ende seines Lebens regelmäßig besuchen wird, waren seine Schüler gewesen: Jean-Louis, der Schwermütige, Youssef, der Wunderbare, der andere Roland, der so sehr geliebte, und noch andere mehr. Frauen sind eine Seltenheit, doch Roland bringt ihnen die gleiche Zuneigung entgegen. Die Seminare werden in einem Café in der Nähe der in der Rue de Tournon gelegenen Fachhochschule fortgeführt. Am Ende des Jahres treffen sich alle in einem China-Restaurant in derselben Straße. Der Meister isst hier mehrmals wöchentlich mit seinen ihm am nächsten stehenden Schülern zu Abend.

Mit dem Eintritt in das Collège de France bricht er mit dieser familiären Umgebung. »Er hat gezögert, sich als Kandidat aufstellen zu lassen, er hat es zum Teil für sich selbst gemacht, weil es ihm – was man auch dazu sagen mag – schmeichelte, an diese prestigereiche Einrichtung berufen worden zu sein, zum Teil aber auch als ein letztes Geschenk an seine Mutter, denn er wusste bereits, dass sie zum Sterben verdammt war«, versichert ein enger Vertrauter. Der andere Roland, der Letztgeliebte, hat ihm von dem Wechsel abgeraten, ahnend, dass die behagliche Atmosphäre der Schule ihm fehlen würde. Roland hat sich darüber hinweggesetzt. Da stand er nun, allein auf einem Podium, Auge in Auge mit einer Menschenmenge, die eine veritable Show erwartete.

Ganz bestimmt ist er an jenem 7. Januar 1977 um halb sechs im Hörsaal Nummer 8 des Collège de France nervös. In sein immergleiches Tweedjackett gehüllt, trinkt er erst einmal – langsam – ein Glas Wasser. Obwohl seine samtene Stimme ganz wesentlich zu seinem Zauber beiträgt – eine wahrhafte »Rhapsodie«, wie Julia Kristeva schrieb –, wird er die ersten Minuten seines Vortrags lang vor sich hin murmeln. Einer seiner Schüler relativiert: »Ich habe auch an der Antrittsvorlesung von Michel Foucault teilgenommen. Der war schlichtweg nicht zu hören. Roland hat sein Lampenfieber rasch überwunden.« Es ist nicht nur Koketterie, dass er sich schon beim ersten Mal als »ein unsicheres Subjekt« bezeichnet. Offiziell tritt er in das Collège de France ein, um den speziell für ihn geschaffenen Lehrstuhl für Literatursemiologie zu besetzen. Aber er betont, er habe schwerlich das Recht, sich Semiologe, also Spezialist für die Erforschung von Zeichen zu nennen, da er diesem Fachgebiet bereits seit Langem den Rücken zugekehrt habe.

In Wahrheit hat niemand genau angeben können, in welcher Disziplin der Meister Papst war. Und ein Papst war er ganz gewiss, da er weit über den Kreis seiner Schüler hinausstrahlte: Beim geringsten Säuseln des Zeitgeschehens holte man seinen Rat. Aber welcher Kirche gehörte er nun eigentlich an? War er Soziologe, Linguist, Strukturalist, Essayist, Moralphilosoph? Er selbst wusste es zu schätzen, nicht eingeordnet werden zu können. Zweifellos ist die passendste Bezeichnung für ihn diejenige, die er in einem Bernard-Henri Lévy aus Anlass dieser Antrittsvorlesung gewährten und im *Nouvel Observateur* veröffentlichten Interview für sich in Anspruch genommen hat.

Kurz zuvor hatte der Meister einen Fehler gemacht, was die Sitten und Gebräuche der linken Intelligenzija betraf: Er hatte im Élysée-Palast mit Valéry Giscard d'Estaing, dem damaligen Präsidenten der Republik, zu Mittag gegessen. Nichts sorgte im Pariser Mikrokosmos für mehr Wirbel, als mit einem Klassenfeind das Brot zu brechen und den Wein zu teilen. Als er um eine Erklärung gebeten wird, stellt sich Roland gegenüber Bernard-Henri Lévy als »Mythenjäger« und von Natur aus »neugierig« dar, weshalb er einfach »überall hingehen« müsse.

Sein ganzes Leben lang sollte ihn die Leidenschaft antreiben, verstehen zu wollen. Er liebte die Dekodierung literarischer Werke, aber mehr noch die Analyse bezeichnender Begebenheiten und, dies ganz besonders, kniffliger Sachverhalte. In einer kurzen, einige Zeit später erschienenen Autobiografie hat er eingestanden, ständig von einer einzigen Frage geleitet zu werden: »Was bedeutet das?« Um nur ein triviales Beispiel für diese Suche zu geben: »In meinem Landhaus pinkle ich in den Garten. Warum?« Der Radius seiner Überlegungen war endlos, zugleich damit aber auch nicht hinreichend abgegrenzt. Er gehorchte zuallererst seinem dem Bummeln zugeneigten Temperament.

Wurde er deshalb beinahe nicht am Collège de France aufgenommen? Hinein kommt man dort wie in die Académie Française: Man muss als einer von zwei oder mehreren Bewerbern von den Mitgliedern der Institution gewählt worden sein. Roland hat nur eine Stimme mehr bekommen, daher achtete er darauf, dass ihm sein Konkurrent nicht die Schau stahl. Er hat nicht nur für seinen mittelmäßigen Werdegang büßen müssen, sondern auch für diesen Hang zum Durchmogeln: »Stets hatte er die Tagesreligionen anerkannt: Er war Marxist gewesen, als man das sein musste, dann Semiologe, dann Strukturalist. Eingerichtet in diesen Systemen, kochte er sein Süppchen«, merkt ein Barthes Nahestehender an. Angesichts dieses dürftigen Süppchens hielten manche seiner Kollegen nicht viel von ihm, angefangen bei zwei Säulen der Akademie: Michel Foucault und Claude Lévi-Strauss.

Mit dem Erstgenannten verband Barthes dennoch eine alte Freundschaft. Als sie noch jünger waren, hatten sie gemeinsam

Lustfahrten nach Marokko unternommen, die jedoch damit endeten, dass sie sich wegen eines Knaben in die Haare kriegten. Von diesem Zerwürfnis existieren zwei Versionen. Der ersten zufolge war Roland dem Begleiter Michels gegenüber zu herablassend gewesen, was Letzteren verletzt hatte. »Ich begreife nicht, dass ein Philosoph so wenig Philosoph sein kann«, erklärte der Meister Freunden. Dieser Kommentar ist nicht unvereinbar mit der zweiten Version: Roland habe im Gegenteil zu viel Interesse an dem besagten Begleiter gezeigt. Wie dem auch war, der Riss ging tief. Sollers erinnert sich, dass Foucault ihm bei einem Mittagessen an den Kopf warf: »Sie müssen sich zwischen meiner und seiner Freundschaft entscheiden.«

Auch wenn er es abstritt, Roland wollte an das Collège berufen werden. Er hatte damit begonnen, dem Mitglied der Institution, das er am besten kannte, seine Absichten zu eröffnen: Es handelte sich um einen gewissen Michel Foucault. Der verbarg seine Verwirrung seiner Umgebung nicht: Er hätte sich nicht träumen lassen, seinen alten Kumpel unter solchen Umständen wiederzusehen. Dennoch weist alles darauf hin, dass er das Spiel mitspielte, ihrer alten Freundschaft zuliebe. Seine Verachtung für das Werk verbarg er nicht, den Menschen aber wollte er nicht verletzen.

Im Gegensatz zu Claude Lévi-Strauss, der es nicht duldete, dass man einen Essayisten, den er für einen liebenswerten Grillenfänger hielt, als Strukturalisten etikettierte. Bis ans Ende seines Lebens blieb eine Frage für den Meister offen: Hatte Lévi-Strauss für seine Aufnahme ins Collège de France mit Ja gestimmt? Die Antwort lautet wahrscheinlich Nein. »Dank der Wissenschaftler des Collège war er knapp gewählt worden«, versichert ein enger Vertrauter. »Die literarischen Kreise fanden, er stünde nicht auf ihrer Augenhöhe.«

Ein erstaunliches Paradoxon: Für das intellektuelle Fußvolk ist er den Größten ebenbürtig. Im Ausland gilt er als einer der Superstars französischen Denkens. Augenscheinlich geschmeichelt, hat der Meister in seiner Autobiografie eine Zeichnung mit der Unterschrift »Der strukturalistische Modus« veröffentlicht, die vier als Gute Wilde verkleidete Intellektuelle in Baströckchen zeigt: Foucault, Lévi-Strauss, Lacan und er selbst. Wer hat sich da eingeschmuggelt? Für die drei Erstgenannten war er der Autor von *Am Nullpunkt der Literatur*.

Roland wusste, wie er sich dem Urteil seiner Kollegen gegenüber zu verhalten hatte. Abends bat er seine Freunde zu einem Empfang bei Youssef und Jean-Louis. Foucault ist auch gekommen, gemeinsam mit seinem Kreis von Bewunderern. Er sondert sich schon sehr bald mit ihnen in ein Zimmer ab. Der Meister höhnt: »Er macht einen auf Sokrates.« Kurz darauf ließ Roland einem Gast gegenüber, der ihre beiden Werdegänge verglich, erneut seinen Minderwertigkeitskomplex durchscheinen: »Foucault ist ein Gelehrter.« Dieser war dennoch lange in seinem Schlepptau geblieben. Nach dem Mai 68 hatte sich das Verhältnis jedoch umgekehrt. Mit *Wahnsinn und Gesellschaft* erwies es sich, dass Foucault auf gleicher Wellenlänge mit den »Zornigen« war. Während der sehr zivilisierte Meister die Proteststimmung sehr schlecht vertragen hat, die die Studenten dazu brachte, ihre Abgötter zu verbrennen.

Roland hat diese Antrittsvorlesung mit den Schülern der École pratique des hautes études wieder und wieder überarbeitet. Obwohl nicht Sokrates noch ein besonders Gelehrter, möchte er zeigen, dass er das Bestiarium des Collège de France beileibe nicht verunziere. Zu diesem Zweck hat er in dem Text eine Bombe untergebracht, die er gegen Ende seiner Einleitung hochgehen lässt: »Die Sprache ist weder reaktionär noch fortschrittlich; sie ist schlicht und einfach faschistisch, denn der Faschismus hindert nicht am Sagen, er zwingt zu sagen.«

Alle, die dieser Vorlesung beigewohnt haben, erinnern sich an die Reaktion im Hörsaal. Die Stille wird brutal zerrissen und es werden diverse Geräusche hörbar. »Er hat das gesagt, um Foucault zu verblüffen, um zu zeigen, dass auch er in der Lage war zu provozieren«, versichert einer seiner Schüler. Immer wieder der Foucault-Komplex. Daneben! Ein Augenzeuge berichtet, wie sein Blick dem des Sokrates des Collèges begegnete: »Er drehte die Augen gen Himmel. Das sollte sagen: Roland ist entschieden nicht auf der Höhe.« Ein renommierter Linguist versichert, erschüttert gewesen zu sein, eine solche »Eselei« zu vernehmen. »In der Folgezeit hat Roland diese Einschätzung immer wieder verteidigt«, teilt ein enger Vertrauter mit. »Wider besseres Wissen: Er wusste, er lag falsch.«

Mehr denn je ist man an jenem Tag ganz und gar nicht einer Meinung. Die »Weisen« regen sich über die gleichermaßen heftige wie hohle Art der Provokation des Meisters auf. Aber für beinahe die gesamte restliche Hörerschaft ist sie Teil der Performanz: Beruht nicht gerade ein Teil seines Talents auf seiner Formulierungskunst? Am Ende der Vorlesung gratulieren ihm alle. Drei Jahre lang wird der Hörsaal Nummer 8 des Collège de France nie leer sein. Die Verwaltung muss in einen zweiten Saal übertragen lassen, damit alle, die in die Rue des Écoles eilen, die Rede des Meisters hören können. Ende der 1970er-Jahre war die Barthes-Show ein regelrechtes Muss.

Am Abend der Antrittsvorlesung, bei Jean-Louis und Youssef, ist der Meister beinahe glücklich. Als Spezialist für gegenseitige Freundschaften ist er sich über die Vereinigung aller seiner Kreise, den »Mischmasch« im Klaren. Vom Einzelgänger Foucault einmal abgesehen, gelingt die Mixtur. Und selbst Sokrates mischt sich schließlich unter die anderen Gäste. Ein gewitzter Student nutzt die Gelegenheit. »Ich bin ein Perverser«, erklärt er Foucault, der antwortet: »Sehr interessant. Doch für mich existiert die Perversion nicht.«

Roland träumt sogar von einer vor Aggressionen geschützten »Republik von Freunden«. In seinem Alltagsleben beklagt er sich, andauernd von den Forderungen der »Kletten« »geplagt« zu werden. »Wenn alle Menschen so wie hier wären, was könnte man dann für eine wunderbare Gesellschaft formen«, ruft er aus. Lediglich die Mutter und der kleine Bruder fehlen auf dem Fest. »Mama ist zu müde, um hier sein zu können«, erklärt er allen zugleich. In Wahrheit hat er seine Homosexualität ihr gegenüber niemals erwähnt und ihr seine exzentrischsten Freunde erspart. Als Mensch zweier Parallelfamilien war er am Tage der würdevolle erstgeborene Sohn seiner Mutter und des Nachts ein »Jäger« junger Männer. Genet hat den »Barthes der Lehnsessel« und jenen der »Knabenbordelle« unterschieden. Bei Youssef und Jean-Louis gibt es an diesem wie an den anderen Abenden zu viele Jungs, um Mama und den kleinen Bruder einladen zu können.

2 Roland und Mam

Auf immer vereint! Sie haben zusammengelebt und auch im Tod sind sie vereint. Der Meister und seine Mutter teilen sich heute ein Grab auf dem Friedhof von Urt, ganz in der Nähe jenes Landhauses, in dem sie fast zwei Jahrzehnte lang einen Großteil ihrer Ferien verbracht haben. Ein asketisches Grab: Die Mutter, elsässischer Herkunft, war Protestantin. Ein schlichter Stein, umgeben von Gras, weder Blumen noch Kränze.

Roland und »Mam«, wie er sie in einem Tagebuchfragment nennt: ein ideales Paar. Die klügsten Geister geben manchmal Ungeheuerlichkeiten von sich. In seinem letzten Buch, *Die helle Kammer*, legt der Meister nahe, er habe seine Mutter nicht deshalb geliebt, weil sie seine Mutter, sondern weil sie in jeder Hinsicht bewundernswert gewesen sei. Diejenigen, die sie gekannt haben, beschreiben sie in der Tat als eine wundervolle Frau, zugleich schön, heiter, intelligent und taktvoll. Sie betonen auch die Ähnlichkeit mit ihrem Sohn, insbesondere den Klang der Stimme. »Die Mutter sprach im Stile Barthes«, erinnert sich Éric, ein ihm nahestehender Schüler. Wohlgemerkt, Roland hat seine Mutter in erster Linie mit einer derart ausschließlichen Liebe geliebt – es wurde »seine große, seine einzige Liebe«, wie Sollers schrieb –, weil sie seine Mutter war.

Der Meister berief sich auf Laotse, den er als »greises Kind« bezeichnete, das 80 Jahre lang »im Uterus seiner Mutter« gelebt habe. Zweifellos dachte er an seine eigene Situation: Er hat das mütterliche Domizil nie verlassen. Mit Ausnahme von Abwesenheiten aufgrund von Krankheiten, hat er beständig mit

Mam zusammengelebt. Wenn er sich im Ausland niederließ –
in Rumänien nicht lange nach dem Krieg, in Marokko Anfang
der 1970er-Jahre –, hat er sie mitgenommen. Niemals ohne
meine Mutter. Er hat sich Seitensprünge erlaubt, aber mit keiner seiner Liebschaften hat er ein Zusammenleben beabsichtigt.

Besonders merkwürdig ist, dass es dieser perfekten Mutter gelungen ist, ihr gesamtes Leben lang ihre beiden Söhne
bei sich zu behalten, den älteren, aber auch den jüngeren. Den
Schwulen sowie den Hetero. Das Trio lebte in der Rue Servandoni, nicht weit vom Place Saint-Sulpice entfernt, in einer kleinen Drei-Zimmer-Wohnung im fünften Stock. Roland hat
sich bald ein Plätzchen zum Leben im sechsten Stock geschaf-
fen, indem er zwei Dienstbotenzimmer ausbaute. Aus dieser
Höhle, die er als »Söller« bezeichnete, genoss er einen schönen
Ausblick über die Dächer von Paris. Eine Stiege verband diese
beiden Ebenen wie eine Nabelschnur. Wenn er am Spätnach-
mittag etwas trinken ging, öffnete er die Falltür am Ende der
Stiege und rief: »Mama, ich gehe aus.« Das Trio teilte sich eine
klitzekleine Küche und ein winziges Badezimmer. Manchmal
regte sich Mam über die Männerhaare in der Seife auf. Vom
Erstgeborenen? Vom kleinen Bruder? Dieses Zusammenleben
war nicht ohne Schamhaftigkeit: Roland war nicht der Mann,
der nackt vor seiner Familie herumspaziert wäre.

Was war bloß so besonders an dieser Mutter, dass ihre Söhne
sie niemals verließen? Der Meister hat es in *Die helle Kammer*
offen bekannt: »Ich könnte sie gar nicht besser als mit diesem
Charakterzug beschreiben: Sie hat in unserem ganzen Zusammenleben nicht eine einzige ›kritische Bemerkung‹ gemacht.«
Zauberhafte Mam! Niemals auch nur eine Bemerkung, kein
Vorwurf, niemals die Notwendigkeit einer Rechtfertigung: Sie
befasste sich mit dem Haushalt in der Rue Servandoni, während ihre Söhne ihren Beschäftigungen nachgingen. »Man war

frei«, versetzt der kleine Bruder. Der Meister »konnte reisen, am Abend nach Belieben ausgehen, ohne dass es jene erbärmlichen Diskussionen gab, die man zwischen Mutter und Sohn, Gatten und Gattin, ja sogar unter Freunden kennt«, hat Romaric, ein weiterer enger Freund, geschrieben und hinzugefügt: »Roland hat sich niemals eingeschränkt gefühlt, ganz im Gegenteil.« Zauberhafte Mam! Sie hat so viel Erfolg damit, ihre beiden Söhne an sich zu binden, dass diese bis zu ihrem Tod an ihrer Seite geblieben sind und dabei auch noch das schöne Gefühl hatten, unabhängig zu sein. Sie hat es verstanden, aus der Rue Servandoni einen Heimathafen zu machen. Ihre Söhne liefen regelmäßig in Richtung anderer Kontinente aus, aber sie kamen stets zurück, um wieder bei ihr anzulegen …

»Für Roland war sie die ideale Ehefrau«, lässt einer seiner Schüler einfließen. Zwischen ihnen gab es kein Strafgericht, nur Liebe. »Es gab nicht das geringste Anzeichen eines Willens, der die Macht über den anderen ergriffen hätte«, erinnert sich Romaric. »Weder er noch sie haben versucht, den anderen verrückt zu machen, wie es ein amerikanischer Psychoanalyst ausdrückt, den Roland schätzte: ›How to drive the other person crazy?‹ Ohne jeden Zweifel hätte der Meister nicht gut 60 gemeinsame Lebensjahre ausgehalten, wenn Mam die ›Beobachtungen‹ zusammengezählt hätte.« Einen Umstand betonen alle seine Freunde: seine krankhafte Empfindlichkeit. Es war nicht möglich, ihm gegenüber die kleinste Bemerkung fallen zu lassen, ohne Gefahr zu laufen, ihn in eine tiefe Melancholie stürzen zu sehen. Er »stellte ein Verbot auf: Nie sollst du einem Freund einen Vorwurf machen. Dieses Gesetz stammte von der Mutter«, merkt Éric an. Roland hat einmal geschrieben, dass ihn ein Freund, der ihm einen Vorwurf macht, doppelt verletze: mit dem Vorwurf und damit, dass er zeige, wie schlecht er ihn kenne, ansonsten hätte er doch seinen Vorwurf für sich behalten.

Mit dieser krankhaften Empfindlichkeit haben alle seine engen Freunde Erfahrungen gemacht, zum Beispiel auch Renaud Camus. Nach einer Vorlesung im Collège hat der Schriftsteller den Meister auf einen Anachronismus aufmerksam gemacht: Er hat Sidonius zum Bischof von Clermont-Ferrand ernannt, obwohl es diese Stadt damals noch nicht gab. »Clermont und Montferrand waren damals noch nicht fusioniert, du hättest also vom Bischof von Clermont sprechen müssen«, merkte er an. Darauf der rasende Roland: Seine Freunde seien nicht dazu da, um das Haar in der Suppe zu suchen. »Er hat niemals etwas Schlechtes über jemanden gesagt«, versichert der kleine Bruder. Noch mehr verabscheute er jedoch, wenn man in seiner Gegenwart etwas Schlechtes über ihn sagte.

Mam hat mit ihren beiden Söhnen eine beinahe animalische Beziehung gepflegt. Edgar Morin erinnert sich, gesehen zu haben, wie sie in der Rue Servandoni aßen: Die Jungs verschlangen die Nahrung der Mutter wie Kätzchen eine Schale Milch. Der kleine Bruder zögerte nicht, ihm Ungenehmes auf den Teller der Mutter zu tun. Roland und er schleckten die Teller eher ab, als dass sie aßen. Ihre Teller dienten ihnen als Ersatz für einen Fressnapf. Man kann durchaus eine Geistesgröße sein und schlechte Tischmanieren haben.

In seinem Alltag neigte Roland zur Langeweile, was seine Mitmenschen in Furcht und Schrecken versetzte. »Ich vermied die Gespräche unter vier Augen, sosehr fürchtete ich sein Schweigen«, erzählt ein Kollege von der École pratique des hautes études. »Ich hatte vor allem Angst vor der Zigarren-Zeremonie«, lässt ein Schüler wissen. »Er brauchte eine Ewigkeit, sie anzuzünden und sie danach zu genießen; stumm, etliche Minuten lang.« Dieser geschickte Redner war privat wortkarg. Selbst Mam gegenüber. Sie beklagte sich oft darüber und schickte den kleinen Bruder an die Front: »Frag du ihn, du schaffst es, ihn zum Reden zu bringen.« Im Kreise seiner Angehörigen schweigen zu dürfen, war eine der Forderungen des Meisters. »Man kann zusammensein, ohne zu reden«, wiederholte er beständig vor Mam.

Der kleine Bruder hat spät geheiratet, ohne deshalb aus der mütterlichen Behausung auszuziehen. Aus dem Trio wurde ein Quartett. Der Eindringling, Rachel, war Jüdin. Als Sohn eines jüdischen Vaters hatte der kleine Bruder nach und nach sein Jüdischsein kultiviert, während sein älterer Bruder auf Distanz zu seiner protestantischen Erziehung gegangen war. Nach seiner Ausbildung zum Maler lernte er Hebräisch. Sein älterer Bruder hat ihm eine Assistentenstelle an der Universität von Vincennes besorgt. Rachel bestand darauf, koscher zu essen. Der Meister beschwerte sich darüber bei seinen Freunden, machte aber mit.

Das Quartett hat sich erst beim herannahenden Tod von Mam gelockert: Ihre schwachen Beine gestatteten es ihr nicht mehr, fünf Stockwerke hochzusteigen. Roland hat für den Einbau eines Aufzuges gekämpft, doch auch mit Unterstützung eines Rechtsanwalts konnte er die Hausbesitzer nicht überzeugen. Er musste sich zu einem Umzug entschließen – in die zweite Etage. Die Wohnung war die exakte Kopie jener im fünften Stock. Da er aufgrund seiner schwachen Lungen selbst Probleme mit dem Treppensteigen hatte, hat sich der Meister zusammen mit Mam im zweiten Stock niedergelassen. Endlich allein! Der kleine Bruder und Rachel sind im fünften Stock geblieben. Nun hat Roland seltener koscher gegessen.

Es ist das erste Foto in seiner Autobiografie. Es nimmt die ganze Seite vor dem Titelblatt ein. Man sieht eine noch junge Frau, aufrecht, mit kurzen Haaren, gekleidet in ein langes weißes Kleid, in einer nicht so einfach zu bestimmenden Gegend. In Ferne zieht ein Pferd einen Karren. Obwohl der Meister offenbar gern die anderen Fotos des Buches mit Legenden versehen und der Öffentlichkeit die Gesichter seiner engsten

24

Freunde präsentiert hat, muss man im Bilderverzeichnis nach-schlagen, um dort, klein gedruckt, zu entdecken, was dieses erste Foto darstellt: »Biscarrosse, Landes, um 1932. Die Mut-ter des Verfassers.« Von Anfang an steht seine Autobiogra-fie unter dem Zeichen von Mam. Um die Wahrheit zu sagen, sein gesamtes Schaffen steht, mehr oder weniger deutlich, un-ter diesem Zeichen. Sein 1970 erschienenes Buch *S/Z* besteht aus dreiundneunzig Kapiteln. Warum? Eines Tages bekannte er: »Mama wurde 1893 geboren.«

Und der Vater? Der Offizier der Handelsmarine ist gestor-ben, bevor Roland ein Jahr alt war. Ein befreundeter Rechts-anwalt merkte eines Tages an, das habe er mit Jean-Paul Sartre gemein, der Philosoph habe seinen Vater, der ebenfalls Offizier der Handelsmarine war, auch kaum gekannt. Das Gesicht des Meisters verhärtete sich, solche Übergriffe auf sein Familienle-ben schätzte er gar nicht.

Das einzige Erbe des Vaters an seinen Sohn: seine Her-kunftsregion, ein Winkel in der Gascogne an der Grenze zum Baskenland und zur Provinz Béarn. Witwe geworden, ver-lässt Mam die Normandie, wo ihr Sohn zur Welt gekommen war, um sich bei ihren Schwiegereltern in Bayonne niederzu-lassen. Sie bleiben dort ungefähr zehn Jahre lang, bis sie nach Paris ziehen. Der Meister würde künftig stets Anspruch dar-auf erheben, aus dem Südwesten zu stammen. »Für ihn gab es keine andere Landschaft als den Südwesten«, stöhnt einer sei-ner Freunde. Seit seiner Kindheit in Bayonne schätzte er die Baskenmütze – sein Leben lang. Ein Professor erinnert sich, dass er ihn eines Tages gesehen hat, wie er den Place de la Sor-bonne überquerte, eine Zigarre rauchend, die Baskenmütze auf dem Kopf. Der Kontrast zwischen dem aristokratischen Cha-rakter der Zigarre und der volkstümlichen Baskenmütze hat ihn derart verblüfft, dass die Szene fest in seinem Gedächtnis haften blieb.

Auch Fabrice Luchini ist erstaunt, als er zum Tee in die Rue
Servandoni kommt. Der Schauspieler saugt die Sätze des Meisters auf, der öffentlich einen seiner Filme verteidigt hatte, bevor er ihn an seinem Erstaunen teilhaben lässt: Beim Betreten
der Wohnung hat er eine Baskenmütze auf dem Garderoben-
ständer erspäht ... Auch er hat sich einen Professor des Collège de France nicht mit einem derart proletarischen Attribut
vorstellen können. »Aber ich bin doch Baske«, antwortet Roland verblüfft. Das entsprach nicht ganz der Wahrheit, denn
Bayonne ist eine gemischte Stadt, aber dennoch hat er dem äußersten Südwesten stets die Treue gehalten. Besonders jenem
schönen Fluss, dem »verkannten« Adour, der in der Nähe des
Atlantiks breiter ist als die Seine in Paris. Als Kind vertrödelte
er seine Zeit auf den Allées Marines in Bayonne, als Erwachsener liebte er es, Spaziergänge auf dem Treidelpfad in Urt zu
machen, der sich ungefähr zwanzig Kilometer lang am Fluss
hinzieht. In seiner Autobiografie teilt er mit, wie sehr ihn der
Anblick »der Adour-Biegung« anrührte, »betrachtet vom [am
Eingang des Ortes gelegenen] Haus des Dr. L. aus«.

Da er seinen Vater nicht gekannt hatte, hat sich Roland wenigstens dessen Nachnamen ganz angeeignet. In jenem Land-
strich werden die neben dem Adour befindlichen Auen »barthes« genannt; sie zeichnen sich durch eine reichhaltige Flora
und Fauna aus. Man kann dort sogar Visionen haben. »In den
Auen gibt es noch so Mancherlei«, versichert ein Schild, dem
man den ganzen Adour entlang begegnet. Vom Haus des Dr. L.
aus konnte Barthes die Auen von Etchepette sehen.

Der Meister mochte sich nicht gerade besonders. Doch als
Sommersitz wählte er ein kleines Nest, wo, wenn man so sagen
darf, er sich selbst »überragte«.

Im Südwesten, dessen »Licht« er gerühmt hat, wurde der
Pakt zwischen Mutter und Sohn geschlossen. All das hat sich
nicht etwa vor dem fünften Lebensjahr abgespielt, wie manche

Psychoanalytiker annehmen, sondern bei der Geburt des kleinen Bruders. Roland ist elf Jahre alt. Er tut sich schwer, diesen Neuankömmling zu akzeptieren, der seiner Vertraulichkeit mit Mam ein Ende bereitet. Sein ganzes Leben lang wird er eifersüchtig auf seinen jüngeren Bruder reagieren. Es bedarf des Todes der Mutter, damit die beiden sich näherkommen, auch wenn sie stets Seite an Seite gelebt haben.

Mam will den Vater des kleinen Bruders heiraten. Was für ein Skandal! Die Familie ihres ersten Gefährten sagt sich von ihr los: Mam wird in Bayonne zur persona non grata erklärt. In Zukunft muss sie im Sommer Villen an der Côte landaise mieten, in Biscarrosse oder in Capbreton. Nur Roland ist weiterhin in Bayonne willkommen. Aber vor allem der Erstgeborene ist aufsässig. »Er wollte keine Wiederverheiratung«, erklärt der kleine Bruder, »meine Mutter hätte niemals einen Stiefvater zugelassen, der nicht nett zu Roland gewesen wäre. Sie war viel aufmerksamer ihren Söhnen gegenüber als ihrem Lebenspartner.«

Das wird das Trio zusammenschweißen und die Rolle eines jeden festlegen. Mit elf Jahren hat Roland symbolisch seine Mutter geheiratet. Er hat ihr zu verstehen gegeben, sie habe bereits einen Mann an ihrer Seite. Mit seinem Widerstand hat er sich zum Familienoberhaupt aufgeschwungen: Seine Mutter brauchte keinen neuen Gatten, denn sie hatte bereits einen Partner. Während der ersten Jahre in Paris wird sie hart arbeiten müssen, um ihre beiden Söhne großziehen zu können. Sie wird die Buchbinderei erlernen, da ihre magere Kriegswitwenrente es dem Trio nicht gestattet, anständig zu leben. Doch sobald er dazu in der Lage sein wird, übernimmt der Meister die Versorgung: Mit elf Jahren hat er sich zu ihrem Beschützer aufgeworfen. Er wird sich dieser Rolle nie mehr entledigen.

Das gilt auch für den kleinen Bruder. Zwar hat er dessen Vater den Eintritt in das Haus verwehrt, aber er wird stets auf ihn aufpassen, seiner Eifersucht zum Trotz. Freunden gegenüber beklagte er, der Zweitgeborene mache sich nicht wirklich Gedanken, wie er seinen Lebensunterhalt verdienen könne: Er sei es, der für ihren Unterhalt sorge. Das hatte seinen Grund in der Entscheidung, die er seiner Mutter aufgezwungen hatte. Er musste es auf sich nehmen. »Roland fühlte sich seinem Bruder gegenüber sehr schuldig«, so Romaric. Unbewusst nutzte der Zweitgeborene das schlechte Gewissen seines älteren Bruders aus: des Vaters im Alltagsleben beraubt worden zu sein, verdiente sehr wohl einen Ausgleich.

Roland maulte, »blechte« aber dennoch. »Der Bruder, das war der Preis, den er für das Zusammensein mit der Mutter zahlen musste«, sagt Romaric.

3 Ein Bestseller

In das erste Semester 1977 fällt Rolands Triumph. Nachdem er im Januar an das Collège de France berufen worden war, steigt er im Frühling zu einem Rang auf, den er niemals einzunehmen geglaubt hätte, nämlich den eines Bestsellerautors. Bis dahin war sein Ruf nicht über die Grenzen der Intelligenzija gedrungen. Zu seiner Verblüffung sprechen seine *Fragmente einer Sprache der Liebe* ein großes Publikum an. Dass ein für seine Unlesbarkeit verschriener Essayist sich einem so banalen Gefühl wie der Liebe annimmt, ruft Begeisterung hervor. Einmal mehr trifft der »Mythenjäger« ins Schwarze.

Trotzdem hätte das Buch beinahe nicht das Tageslicht erblickt. Seiner Gewohnheit folgend hatte der Meister 1976 seine Studenten in der Vorlesung an der École pratique des hautes études mit dem Thema, über das er gerade nachdachte, bekannt gemacht: Warum wurde das Gefühl der Liebe in keinem Diskurs mehr berücksichtigt? Roland hatte Karriere gemacht, indem er als einer der Hohepriester der Moderne aufgetreten war. Er lehnte es jedoch nicht ab, sich Gedanken über diese uralte Angelegenheit zu machen, über die Liebe.

Aber er kam zu dem Schluss, die Vorlesung sei nicht besonders ergiebig gewesen. Nichts, was mehr als 500 Leser interessieren könnte, davon war er überzeugt. Es bedarf der Beharrlichkeit des mit ihm befreundeten Verlegers François, damit er sich zum Schreiben und zur Veröffentlichung entschließt. Er versucht, seine Karteikarten auf aleatorische Weise zu sortieren, mischt sie, wie man Karten mischt, und überlässt alles dem Gesetz des Zufalls. Der bedeutende Denker war kein Mann langer Schriften: Sein Leben lang hat er aus Einzelteilen zusammengesetzte Bücher veröffentlicht. »Er war selbst ein aus Einzelteilen bestehender Mensch, der es nicht geschafft hat, sich zusammenzufassen«, meint einer seiner Kollegen.

Sein Zögern beruhte auch darauf, dass es sich, unterschwellig, auch um ein neues autobiografisches Werk handelte. Je älter er wird, desto mehr wird er selbst zum Gegenstand seiner Bücher. »Chronik einer enttäuschten Liebe«, so hätte der Titel lauten können. Wie später *Die helle Kammer* sind die *Fragmente* ein Buch der Trauer. Ein Schüler, der über das Liebesleben seines Professors Bescheid weiß, versichert, er finde auf jeder Seite des Werkes Hinweise auf eine Geschichte, die ihn gegen Ende seines Leben verfolgt habe: seine unglückliche Leidenschaft für den anderen Roland.

In Urt überragt Barthes die »barthes« – die Auen, in Paris vernarrt Roland sich in Roland: Wenn es einem nicht gelingt, die Nabelschnur zu durchtrennen, dann ist die Gefahr groß, sich plötzlich sich selbst gegenüberzustehen ... Der andere Roland hat dennoch nichts von einem Doppelgänger. Wie üblich, seit er die 50 hinter sich gelassen hat, hat sich der Meister in einen Schüler vernarrt. Heute würde er dafür wohl in den Vereinigten Staaten wegen Machtmissbrauch von der Justiz verfolgt. In einem seiner jüngsten Bücher erklärt Philip Roth, dass er das Ende des Semesters herbeisehnt, um seine Studentinnen anmachen zu können. Im Frankreich der 1970er-Jahre waren solche Vorsichtsmaßnahmen unnötig.

Seine Freunde sagten, lauthals lachend: »Bei Roland hatte der Geliebte ein Anrecht auf ein Abendessen im Lasserre, der begehrte Knabe auf einen Whiskey in der Harris Bar, der Hetero auf ein Bier im Bonaparte und eine Frau auf einen Kaffee an der Theke.« Für den anderen Roland ist nichts gut genug. In der Hoffnung, ihn zu verführen, entführt er ihn nach Venedig, schenkt ihm ein Opernabonnement. Er ist so verliebt, dass seine Umgebung unter den Zurückweisungen des Studenten zu leiden hat, denn das zieht die Laune des Meisters fürchterlich in Mitleidenschaft. Die Melancholie, die das Ende seines Lebens kennzeichnen sollte, hat ihren Grund sowohl in dem Fehlschlag dieser Beziehung als auch in dem Tod von Mam.

Es war natürlich eine unmögliche Angelegenheit. Der Meister, der mit aller Macht daran glauben möchte, dass der andere Roland homosexuell ist, erklärt sich dessen Leugnen mit seiner Herkunft: »Ich kann ihm das nicht verübeln, als Däne ist er verschämt.« In Wahrheit bevorzugte der andere Roland Frauen. Nachdem er Opfer einer regelrechten sexuellen Belästigung seitens des Meisters geworden ist, erklärt er Constance, einer Studentin des Seminars, seine Liebe. Das ist der Gipfel des Unglücks für den liebeskranken Professor: Sein Rivale ist eine Rivalin und eine seiner Studentinnen.

Zu dieser Zeit tauchte in der Clique von Youssef und Jean-Louis ein junger Regisseur auf, der zu einer großen Zukunft berufen war, André Téchiné. Er dreht mit den Jungstars des französischen Kinos. Diese ganze kleine Welt trifft sich regelmäßig zum Feiern. Eines Abends tanzt ein Schüler des Meisters zu Rockmusik mit einer jungen Frau, die er sehr verführerisch findet. Als das Stück zu Ende ist, fragt er sie nach ihrem Namen: »Isabelle Adjani«. Beschämt bekennt der Schüler, seine Studien ließen ihm nur wenig Zeit, um ins Kino zu gehen ...

An einem anderen Abend findet die Party bei Marie-France Pisier statt. Isabelle Adjani ist auch wieder da, damals schon ihre eigene Legende. In der Küche erläutert sie Constance, der Erwählten des anderen Rolands, wie anstrengend der Beruf einer Schauspielerin ist: Jeden Abend müsse sie aus der Haut der Person schlüpfen, die sie den ganzen Tag lang überstreift. Gelangweilt kehrt Constance in das Wohnzimmer zurück. Der Meister will gerade gehen. Als er sie erblickt, macht er ihr ein

Zeichen, näher zu kommen. »Warum hast du Erfolg gehabt, wo ich gescheitert bin?«, fragt er sie verwirrt. »Ich bin eine Frau«, antwortet Constance hochmütig.

Das Schlimmste ist, dass der andere Roland die Lektüre der *Fragmente* nicht erträgt, wo doch der Meister insgeheim gehofft hat, sie würden ihm wieder eine größere Neigung für ihn einflößen. Das Gegenteil ist der Fall: Er ist wütend, ihre Beziehung in aller Öffentlichkeit ausgebreitet zu sehen, auch wenn seine Identität in keiner Weise aufgedeckt wird. Der Meister, der mit seinen Schülern in einem symbiotischen Verhältnis lebte, hat ihre Anmerkungen gern in seine Bücher einfließen lassen. Er trug immer ein kleines Heftchen bei sich, das er zückte, um Notizen zu machen, wenn die Unterhaltung eine originelle Wendung nahm. Es herrscht Konsens darüber, dass er sich stark von Jean-Louis, seinem begabtesten Schüler, hat inspirieren lassen. Der andere Roland hatte ihm bereits den Rohstoff für ein vorangegangenes Buch geliefert. Aber diesmal ist er der Meinung, was zu viel ist, ist zu viel: Er fühlt sich ausgeplündert, entblößt. »Roland hat sich auf meinem Rücken auskuriert«, meint er, auch 25 Jahre danach noch verstimmt. Das Buch hat tatsächlich eine therapeutische Seite. Um von dieser unmöglichen Liebe loszukommen, zieht Roland in Betracht, sich einem Psychoanalytiker anzuvertrauen. Auf Anraten von François, dem befreundeten Verleger, wendet er sich an Lacan höchstpersönlich. Nach einer ersten Sitzung rät Lacan dem Meister kurz und knapp, sich »diesen Jungen« aus dem Kopf zu schlagen. Rolands Kommentar seinen Freunden gegenüber: »Auf einmal hatte ich das Gefühl, ein alter Esel zu sein, der einem alten Knacker die Stirn bietet.« »Lacan hat seine Verzweiflung nicht verstanden«, bedauert ein enger Freund. Es wird keine zweite Sitzung mehr geben.

Die *Fragmente* haben seinen Status nicht wenig verändert. Er war nicht länger nur ein Mann für Eingeweihte. Bereits mit dem Collège de France, wo er seine Vorlesungen vor Hunderten von Leuten abhält, war er in einen höheren Rang aufgestiegen. Jetzt wird er eingeladen, im Fernsehen in der Literatursendung *Apostrophes* aufzutreten. Er zögert, dann nimmt er an. Er findet Bernard Pivot »nett«, außerdem, so erzählt der kleine Bruder, glaubt er, es würde den »Leuten in Urt« Vergnügen bereiten. »Es gefiel ihm, eine kleine Lokalberühmtheit zu werden.« Er freut sich auch wegen Mam. Der unentbehrliche Youssef fährt ihn zu dem festegesetzten Termin in den Studios von Buttes-Chaumont. Auf dem Set begegnet er Françoise Sagan höchstpersönlich. Lieben Sie die Liebe? Der Funke springt über zwischen der Schriftstellerin mit der klaren Sprache und dem Essayisten mit der schwer verständlichen Redeweise. Man will sich wiedersehen ...

Im folgenden Sommer in Urt kann er den »*Apostrophes*-Effekt« überprüfen. »Sie sind berühmt!«, schleudert ihm Dr. L. entgegen. »Nein, ich bin berüchtigt«, korrigiert ihn Roland, der eine Vorliebe für die korrekte Bezeichnung hat. Sein Name ist jetzt bekannt, aber nur wenige Menschen wissen, wer er wirklich ist. Die Regenbogenpresse hat sich nicht des Buches bemächtigt, um von der Liebesgeschichte zu berichten, der es sein Entstehen verdankt. Nicht ein Kritiker hat ihre homosexuelle Natur angedeutet. Der Meister, das ist wahr, hat mit einer stilistischen Tour de Force Erfolg gehabt: alles verbergen, ohne etwas zu verhehlen. Er hat sich einer Unisex-Bezeichnung bedient, um sein Liebesobjekt zu bezeichnen: das »geliebte Wesen«.

Mam sollte noch einige Monate lang leben, daher konnte von einem Coming-out nicht die Rede sein. Roland hat sich oft davor gefürchtet, seine Mutter könne von seiner Homosexualität Wind bekommen. Ein Buch hatte Anfang der 1970er-Jahre darüber berichtet. Der Meister hatte beim Verleger erreicht, dass die beanstandete Stelle bis zur zweiten Auflage unterdrückt wurde. Bis nachmittags war er ein vorbildlicher Sohn. Gegen fünf Uhr trank er mit Mam und dem kleinen Bruder Tee. Das war ein althergebrachter Familienbrauch: Die Großmutter mütterlicherseits hielt es auch so. In der Rue Servandoni servierte Mam einen englischen Tee für sich und für die Jungen einen Pfefferminztee. Dann »wechselte« Roland »seinen Körper«, wie er zu sagen pflegte. Er nahm eine Dusche, legte Eau de Toilette auf: »Ich unterziehe mich dem Ritual der Essenzen«, sagte er humorvoll. Schließlich ging er aus, um seine Freunde zu treffen und seine »Böcklein«, wie er manchmal schonungslos sagte. Wenn er den Place Saint-Sulpice überquerte, um auf ein Glas ins Flore (seltener ins Deux Magots) zu gehen, wurde aus ihm ein anderer Mann.

Natürlich ließ sich die Familie nicht täuschen. Ein Freund hat Roland eines Tages gefragt: »Weiß deine Mutter, dass du schwul bist?« Antwort: »Ja, aber wir sprechen nie darüber.« So lebte das Trio: dicht aufeinander und schweigsam. Alles war bekannt, gesprochen wurde nicht. Weder mit der Mutter, noch mit dem kleinen Bruder. Der Zweitgeborene hatte sehr bald begriffen, dass sein älterer Bruder homosexuell war. Aber auch unter den beiden Brüdern herrschte dasselbe Schweigen. Sogar noch nach dem Tod der Mutter, als die beiden sich näherkamen. Roland nahm seinen jüngeren Bruder und dessen Frau einmal zum Abendessen zu Youssef und Jean-Louis mit. »Da war alles klar«, sagt der kleine Bruder. Da war alles klar. Aber von da bis zu einem Gespräch darüber ...

4 Die Houëlianer

Der Meister nannte sie die »Houëlianer«, weil sie in der Rue Nicolas-Houël wohnten, unweit vom Gare d'Austerlitz, bevor sie an den Place de Rungis zogen, am äußersten Ende des XIII. Arrondissements. Die Houëlianer waren seine Zweitfamilie, seine homosexuelle Familie, bestehend aus jungen Eierköpfen, die von der Zuneigung des Meisters geschmeichelt waren, oft aber auch verstimmt durch seine Melancholie und den schulmeisterlichen Ton seiner Äußerungen. Untereinander nannten sie ihn »Mamie«. Ein gleichzeitig grausamer und zärtlicher Spitzname. Die Houëlianer liebten Roland, aber sie waren viel, viel jünger als er.

»Achtung, Mamie kommt, jetzt werden die Gemeinplätze an die Kette gelegt«, ließ der Filmemacher André Téchiné unter allgemeinem Gelächter los. Das war gemein, denn »Mamie« war die Hauptattraktion der Abendgesellschaften. Die Houëlianer hätten Plakate kleben können: Hier hält der Meisterdenker einen Salon ab. Ein Meisterdenker, der sorgsam darauf achtete, seinem Ruf gerecht zu werden, indem er Aussprüche und Sentenzen für die Tischgenossen bereithielt. Dem Spott zum Trotz wussten es alle zu schätzen (auch in seinen Verschlungenheiten), dennoch begann die Party gewöhnlich erst, nachdem er gegangen war – er ging früh zu Bett.

Die Houëlianer, das waren in erster Linie die drei, die sich die Wohnung teilten: der wunderbare, Volten schlagende Youssef, ein wahrhafter »tunesischer Prinz«, wie ihn der Meister gern vorstellte, ein versierter Verführer, ein erprobter Koch, stets gastfreundlich, der einzige, der wirklich malochte. Dann der schwermütige Jean-Louis, ebenso schön wie intelligent, der Lieblingsschüler, derjenige, der auf den Meister zugegangen war und in den der Meister sich verliebt hatte, im Gespräch oft ebenso inspiriert wie unverständlich. Und schließlich Paul, der Dichter, der noch schwermütiger war als Jean-Louis, den er Youssef nach und nach abspenstig machte. Hinter den Dreien stand André Téchiné und der gesamte junge französische Film jener Zeit, François, Rolands Verleger, Éric und Antoine, zwei weniger exzentrische Schüler, und noch viele andere: Die Houëlianer führten ein offenes Haus. »Das Gespräch ging von Nietzsche und Deleuze zu *Salammbô*, während im Hintergrund, Kitsch muss sein, eine Platte von Gloria Lasso lief«, erzählte François. Ein Filmemacher erinnert sich an den Gesang von Dalida; damals flogen die Schwulen auf Sängerinnen von jenseits der Alpen. Der Champagner floss in Strömen, man spielte unzählige Gesellschaftsspiele und alle Gäste tanzten ausgiebig.

In der Rue Nicolas-Houël herrschte eine »übertrieben homosexuelle« Atmosphäre, um eine Formulierung des Meisters umzukehren, der einst einen Film von Maurice Pialat als »übertrieben heterosexuell« eingestuft hatte. Ein bisexueller Schüler erinnert sich an seine Bestürzung, als er zum ersten Mal in die Sippschaft aufgenommen wurde. Welche Beziehung unterhielten all diese jungen Menschen untereinander? Und welche zu Roland? Seine Fragen unterbrechend, flüsterte der Meister ihm zu: »Geh davon aus, dass hier jeder mit jedem geschlafen hat und finde die Ausnahmen heraus.«

In einem aus Anlass des Erscheinens der *Fragmente* im *Playboy* erschienenen Interview – mit dem Erfolg standen ihm nun wirklich alle Türen offen – hat der Meister, ohne ins Detail zu gehen, gestanden, was ihn an den Abenden in der Rue Nicolas-Houël so bezauberte: »Ich lebe unter Freunden, die viel jünger sind als ich. Ich bewundere sie sehr dafür, dass sie ihre Sinnlichkeit, ihre Sexualität ohne große Probleme teilen.« Und er schwärmte: »Es ist ein köstliches Gefühl, in eine Atmosphäre vielfältiger Liebe, allgemeinen Flirtens einzutauchen.« Wie die *Fragmente*, die ihr Entstehen seiner enttäuschten Liebe für den anderen Roland verdanken, so sind die Houëlianer der Ursprung der ersten Vorlesung des Meisters am Collège de France über das »Zusammenleben«.

In der Rue Nicolas-Houël schloss man jedoch Heteros keineswegs aus. Marie-France Pisier erinnert sich, dass eine ihrer Liebesaffären dort ihren Anfang nahm. »Beim Essen hatte ich einen jungen Typen ins Visier genommen, der nicht zur Clique gehörte. Ich zog mich kurz in ein Zimmer zurück, um zu telefonieren, denn ich fuhr am nächsten Tag zum Drehen nach Österreich. Der Junge kam in dem Augenblick nach, als ich die Abflugzeit meines Flugzeuges nach Wien bekommen hatte. Er rief aus: ›Ah! Sie fahren morgen. Wie schade!‹ Ich habe ihm geantwortet: ›Das ist nicht schlimm, Sie müssen einfach nur mitkommen.‹« Die Beziehung hielt zwei Jahre.

In den 1970er-Jahren ist die sexuelle Freiheit nicht einfach nur eine hohle Phrase gewesen. Die logische Folge: Verstimmungen. Trotz des vermutlich in der Sippschaft vorherrschenden Fehlens von Eifersucht kommt es zu »Störungen im Netz«, so der Meister. Die Houëlianer haben noch ein schweres Zerwürfnis zwischen Youssef und François in Erinnerung. Der Verleger und sein Freund Sévéro, ein Kubaner, der ebenso überschwänglich war wie er selbst zurückhaltend, waren auf Anhieb ein Paar geworden. Roland nannte sie das »christliche Paar«. Das schloss Seitensprünge jedoch keineswegs aus. Eines Tages wird Sévéro von Youssef ein angebliches Abenteuer von François kolportiert. Letzterer ist wütend. Der Meister sieht sich gezwungen, die Friedensverhandlungen zu führen. Im Laufe der Jahre wird er sich oft über den »manipulatorischen«

Charakter von Youssef beschweren und sogar so weit gehen, ihn eine »Klatschbase« zu nennen. Doch mit der Zeit wird Youssef immer wichtiger für ihn, dient er ihm doch gleichzeitig als Chauffeur, Verwalter und Manager. »Für Youssef, den ich liebe und den ich brauche«: In den Widmungen seiner Bücher verstand Roland es, das Wesentliche zum Ausdruck zu bringen. Mit der Zeit wird Youssef sogar die Rolle des Schleppers übernehmen. In *Femmes* spricht Sollers von »Abendgesellschaften, die ein wenig sonderbar ausgerichtet waren, um Gelegenheit zum Anbaggern zu schaffen«.

Manchmal kommt es auch unter den Heteros zu »Störungen im Netz«. Ein Filmemacher verführt die Gattin eines Sprachwissenschaftlers, der im selben Gebäude wohnt. Dann lässt er die junge Frau sitzen, die in eine schwere Depression stürzt. Jedes Mal ist »Mamie« da, um den verlassenen Partner zu trösten. Nicht imstande, selbst ein Leben als Paar zu führen, oder vielmehr nur ein Paar mit Mam zu bilden, bietet Roland Eheberatung für seine Freunde. Einer von ihnen erinnert sich noch an seinen Rat, als er daran dachte, eine Beziehung zu beenden, die schlecht lief: »Schütte das Kind nicht mit dem Bade aus.« Der Meister schrieb unverständlich, liebte es jedoch, seine Gespräche mit Sprichwörtern zu spicken.

Seine Beziehungen zu Jean-Louis sind die kompliziertesten. Diesen Schüler hat der Meister seit ihrem ersten Kennenlernen Anfang der 1970er-Jahre geliebt, und er wird ihm stets eine besondere Aufmerksamkeit entgegenbringen. Er ist von seinem blendenden Aussehen und von seinem regen Geist fasziniert. Aber Jean-Louis ist absolut spontan, wohingegen der Meister feste Gewohnheiten hat. Ein Houëlianer erinnert sich, wie Jean-Louis in Urt während eines Unwetters mit entblößtem Oberkörper in den Garten lief, um endlich mit den entfesselten Elementen in Verbindung zu treten. Das klingt eher weniger nach Barthes. Der Schüler beschwert sich, vom Meister ausgebeutet zu werden, der regelmäßig sein Notizbuch zückt, wenn er sich äußert. »Bringe es zu etwas in der Kunst des Schreibens«, erwidert Roland, der tatsächlich erwartet, dass Jean-Louis sich von ihm löst. Es kommt jedoch häufig zu häuslichen Szenen zwischen den beiden Männern. Setzt sich Roland daraufhin ab, verschanzt sich Jean-Louis nicht selten in seinem Zimmer. Youssef muss vermitteln, damit die beiden sich wieder vertragen.

Der Lieblingsschüler verbringt seine Zeit damit, dem Meister zu widersprechen, wofür er sich dann wieder entschuldigt. Auch begeht er merkwürdige Ungeschicklichkeiten. Eines Abends gehen die beiden Männer mit Paul, dem Dichter, und Éric, einem anderen Schüler, ins Kino, um *Die 39 Stufen* zu sehen. Hinterher spricht Jean-Louis in einem Café über den Film und ruft eine Szene in Erinnerung, in der ein Rollsessel (fauteuil roulant) die Stufen hinunterstürzt. Dabei unterläuft ihm ein Fehler und er spricht vom Roland-Sessel (fauteuil Roland). »Ich sah, wie sich das Gesicht von Barthes verdüsterte«, erzählt Éric, »wohingegen Jean-Louis in eine abgrundtiefe Verzweiflung stürzte.«

Die Droge macht alles noch schlimmer. In der Rue Nicolas-Houël macht Haschisch die Runde. Jean-Louis ist einer der stärksten Konsumenten. Der Meister heißt das nicht gut. Sich ewig kontrollierend, hat er eines Tages eingestanden, sich nach Einnahme von Drogen arbeitsunfähig zu fühlen: »Das bedeutet, einem Sonntagsfahrer einen Sportwagen in die Hände zu geben.« Jean-Louis ärgert sich manchmal über »Mamies« Bevormundung. In diesen Jahren wird er ein Buch veröffentlichen, *Le Destructeur d'intensité*. Der im Titel genannte Zerstörer, so Érics Kommentar, war der Meister, »die Barthes'sche Sehnsucht, die Mutter, die Milde, der feine Unterschied, die Empfindlichkeit«. Heute streitet Jean-Louis das ab: »Ich habe nicht an Roland gedacht. In intellektueller Hinsicht waren wir völlig in Einklang; wir haben täglich miteinander telefoniert.« Rafic, der Bruder von Youssef, erinnert sich jedoch, dass Jean-Louis jeden Montag bei der Aussicht stöhnte, den Meister im Café de Flore zum wöchentlichen Tête-à-tête treffen zu müssen.

Heute sehen die Houëlianer diese Zeit kritischer: »Wir hatten viel Spaß, aber wir fühlten uns alle mehr oder weniger unwohl in unserer Haut.« Einige Houëlianer halten sich in der Folgezeit zeitweise in psychiatrischen Kliniken auf. Nach dem Tod des Meisters wird sich die Clique nach und nach auflösen. Wenn man heute den einen oder den anderen von der Rue Nicolas-Houël reden hört, so drängt sich unwillkürlich der Titel des Marilyn-Monroe-Films auf: *Misfits – Nicht gesellschaftsfähig.*

Dennoch besteht kein Zweifel, dass der Meister dort glücklich gewesen ist. Sein Leben in Paris gruppiert sich um zwei Pole: die Rue Servandoni und die Rue Nicolas-Houël. Mam, der kleine Bruder und Rachel auf der einen Seite, Youssef, Jean-Louis und die »Freunde« auf der anderen. Zwischen diesen beiden Polen besteht keine Verbindung. Wusste Mam von der Existenz von Rolands anderem Heim? Er sprach nicht davon, sie stellte keine Fragen. Sie hatte aus der Rue Servandoni eine friedliche Anlegestelle gemacht, geschützt vor ungünstigem Wind.

Der nämliche Frieden umgibt den Meister in der Rue Nicolas-Houël. Mit dem Erfolg fühlt er sich mehr und mehr von den »Kletten« belästigt. Man hört nicht auf, ihn um etwas zu bitten. Unter dem Vorwand, er habe doch früher einmal Rumänien besucht, schreibt ihm ein Französischlehrer aus Bukarest, um die Lehrbücher von Lagarde und Michard von ihm zu erbitten. Unter seinen Freunden verteilt er Bücher und Abhandlungen, die man ihm schickt, und bittet sie um Leseeindrücke. Er beklagt sich über die »Zahnarzt«-Nachmittage: Er opfert zu viel

Zeit der »Verwaltung«, was auf Kosten der »Schöpfung« gehe. Die Rue Nicolas-Houël sowie die Rue Servandoni bedeuten dagegen das »Fehlen von Aggression«. Die Houëlianer haben ihn zum Hausgott ernannt, er hat sie als Jünger auserkoren. Er lässt alle Abendessen dort stattfinden, und Youssef treibt es mit seinem Zuvorkommen so weit, ihn mit dem Auto in die Rue Servandoni zu fahren, wenn er müde ist.

Aber wehe, wenn die Regeln missachtet werden! Youssef legt dem Meister eines Tages nahe, er solle Jean-Louis als Sekretär im Collège de France beschäftigen. Großer Wutanfall! Roland liebt Jean-Louis zärtlich und begreift die Absicht Youssefs, eine feste Stellung für ihn finden zu wollen. Aber von den ihm Nahestehenden demselben Druck ausgesetzt zu werden wie im täglichen Leben: Nein! Youssef handelt sich eine Abfuhr ein. Ein anderes Mal schlägt Jean-Louis Roland vor, eine Sammlung von Pauls Gedichten mit einem Vorwort zu versehen. Erneuter Wutausbruch des Meisters angesichts der zahlreichen Bitten um ein Vorwort, die er nicht abschlagen kann. Dass seine besten Freunde sich als »Kletten« entpuppen, ist ihm unerträglich.

5 Brume-sur-Mémoire

In das erste Semester 1977 fällt sein dritter Moment des Ruhmes. Nach seinem in aller Herrlichkeit erfolgten Eintritt ins Collège de France, nach dem unvermuteten Erfolg der *Fragmente*, organisieren die Freunde des Meisters für Ende Juni ein Kolloquium über sein Werk. Die Geistesgrößen jener Zeit haben für gewöhnlich das Anrecht auf eine solche Veranstaltung in Cerisy im Departement Manche zur schönen Jahreszeit: Enge Freunde und Schüler diskutieren mehrere Tage lang das Werk ihrer Idole, während sie gemeinschaftlich in einem Schloss aus dem 17. Jahrhundert wohnen.

Rolands Freunde haben seine Zurückhaltung überwinden können. Zweimal lehnt er ab, weil er keinerlei Gefallen an einer Selbstbeweihräucherung hat. Schließlich akzeptiert er aus einem sehr persönlichen Grund doch: Er möchte nicht als der »Mann-der-Kolloquien-ablehnt« gelten. Die Sippschaft siedelt in die Nähe von Granville über. Youssef fährt Rolands Auto. Kurz bevor sie ankommen, überqueren sie einen Fluss, die Mémoire. Weil er immer wieder versichert hat, sich nicht an die Schlangenlinien seines Berufsweges erinnern zu können, sieht der Meister darin ein Sinnbild: Er schlägt vor, Cerisy in Brume-sur-Mémoire (dt. Nebel-über-der-Erinnerung) umzutaufen ...

In der Normandie trifft ein Mann auf dem Höhepunkt seines Erfolges ein, aber auch einer voller Sorgen. Sorgen? Vor Kummer verzehrt, um genauer zu sein, denn mit der Gesundheit von Mam geht es bergab. Bis zum letzten Augenblick hat er erwogen, das Kolloquium abzusagen. Die ganze Woche über wird er immer wieder in Paris anrufen, um auf dem Laufenden zu sein. Der Schatten der Mutter wird über den Diskussionen liegen. Seit einigen Monaten weiß Roland, dass seine Mutter zum Tode verdammt ist. Ein Arzt hat ihm bestätigt, dass ihre Tage gezählt sind. Er hat dem kleinen, wahrhaft unbekümmerten Bruder nichts davon gesagt und trägt dieses schwere Geheimnis allein. Der Meister wird seine Verherrlichung unterfüttert von Furcht erleben. Das Ende des Paares, das er und Mam bilden, ist nah. Er fühlt sich wehrlos, beklagt seinen »Zustand der Verwirrung«. »Dass, was ich von jeher am meisten fürchte, den Tod meiner Mutter, wird sich bald ereignen«, hat er im Frühling vor ein paar Studenten verlauten lassen.

In Brume-sur-Mémoire ist er glücklicherweise auf sicherem Terrain. Indem er Antoine die Organisation des Kolloquiums überlassen hat, hat er sich definitiv für die Jugend entschieden. Dieser sorgfältige Schüler hat Kontakt mit den literarischen Größen aufgenommen, deren Wege sich mit dem des Meisters gekreuzt haben. Einen besonderen Rang hat er ihnen jedoch nicht zugestanden. Daher haben viele auf ein Kommen verzichtet, so auch Sollers, der weiß, wie sehr die schwule Leibwache seines Freundes ihn hasst. Im Gegenzug sind die Houëlianer fast vollständig da, von Jean-Louis über Téchiné bis hin zu Youssef.

Der einzige »Star«, der die Reise auf sich genommen hat, ist Alain Robbe-Grillet. Zu Beginn seiner Karriere hat Roland die Patenschaft für den Nouveau Roman übernommen. Daraufhin hat er mit mehreren von dessen Verfechtern Freundschaft geschlossen, so mit Michel Butor und Marguerite Duras. Lange Zeit hat er mit der Letztgenannten zusammen Neujahr gefeiert, wobei ihm vor allem eines in Erinnerung blieb: »Stets kam der Moment, wo sie mit mir tanzen wollte.« Die Anwesenheit von Robbe-Grillet ist Zeugnis für diese Vergangenheit. Das

Zwiegespräch der beiden alten Kumpane wird in nichts den anderen Sitzungen dieser Woche ähneln, die angefüllt sind mit peinlich genauen Vorträgen, gefolgt von gedämpften Diskussionen. Robbe-Grillet empfindet eine aufrichtige Zuneigung für den Meister. Sehr bald schon sollte er den Text seiner Lobrede unter dem Titel *Pourquoi j'aime Barthes* erscheinen lassen. Aber die Liebe dieses geborenen Provokateurs ist zwiespältig. Auf alle Fälle zwiespältiger als die der schwärmerischen jungen Anhänger.

Sein Hauptvorwurf: Sein Freund Roland schottet sich zu sehr ab. Und gleich zu Beginn lässt er vom Stapel, dass er sich beim Lesen von dessen Autobiografie dabei ertappt habe zu denken: »Oh lala! Er geht wahrhaft kein Risiko ein, er geht wieder einmal in Deckung.« Die Antwort des »In-Deckung-Gegangenen«: »In einer Fernsehsendung, in der ich feststellen musste, die Hauptperson zu sein, hat mich Jean-Louis Bory aufgefordert, wenigstens einmal diese Art von Schutzraum zu verlassen: Er wollte, dass ich ›rummache‹. Jean-Louis Bory hat mich aufgefordert rumzumachen, um die Tatsache zu rechtfertigen, dass er selbst rummacht.« Unter vier Augen war der Schriftsteller und Filmkritiker des *Nouvel Observateur* viel unverblümter: »Roland und ich«, versicherte er, »wir haben uns von denselben Jungs ficken lassen. Der Unterschied war, dass ich es offen eingestand.«

Robbe-Grillet zielte nicht nur auf die Tatsache ab, dass der Meister kein Coming-out hatte. Er räumt bereitwillig ein, dass keinerlei Grund vorhanden sei, der »Methode des Rummachens« den Vorzug vor der »duckmäuserischen Methode« zu geben: »Man kann sagen, du bist ein Duckmäuser; die starke Ausstrahlung deiner Texte verdankt sich diesem Duckmäusertum.« Der Meister ein Duckmäuser? Der Saal beginnt zu murren. Das steigert sich noch, als Robbe-Grillet mit Hinblick auf die vor seinem Erscheinen so gedämpfte Atmosphäre des Kolloquiums ausruft: »Ich hatte ein wenig den Eindruck, immer noch meine Stöpsel in den Ohren zu haben. Du sprichst leise, hast vorsichtshalber immer eine Zigarette zwischen den Lippen, was nicht gestattet, sehr laut zu werden.«

Alles verabscheuend, was einem Vorwurf ähnelt, wahrt der Meister Zurückhaltung: »Du hegst dieselbe Feindseligkeit gegen die Zigarette wie die Vereinigten Staaten: Die Amerikaner schätzen es nicht, wenn man mit einer Kippe im Mund spricht. So etwas machen nur die Franzosen.«

»Im Gegenteil, ich mag das«, antwortet der Vater des Noveau Roman, der versichert, nicht verletzen zu wollen: »An Pompidou mochte ich gerade das.«

Heutzutage retuschieren beflissene Zensoren die Zigaretten auf alten Fotografien von Schriftstellern. Zu jener Zeit war die Zigarette deren natürliche Ergänzung. Im Collège de France rauchte der Meister während seiner Vorlesungen nicht. Aber in der École pratique des hautes études hatte er dabei immer eine Fluppe im Mund, was ihm eine komische Note verlieh. Seine Schüler folgten der Krümmung der Asche und lauerten auf den schicksalhaften Augenblick, in dem sie auf das Jackett oder auf den Pullover fallen würde. Man hat auf die britische Eleganz des Meisters hingewiesen, auf seine Vorliebe für Tweed. Seine Kleidung wies jedoch zahlreiche Brandlöcher von Zigaretten auf. Das war einer der Gegensätze, die ihm eigen waren.

In Brume-sur-Mémoire treibt Robbe-Grillet seine Unterhöhlungsarbeit weiter voran: »Ein anderer Vorwurf: die Meisterschaft ...« Die Meisterschaft des Meisters! Das heißt zumindest, eine kleine Bombe hochgehen zu lassen: »Dieser Schrecken, den du um dich verbreitest.« Diesmal entsteht geradezu Aufruhr im Saal. »Aber ja doch, ja doch«, erwidert der Schriftsteller den Schülern, die kurz davor stehen, sich zu entrüsten, »Sie wissen sehr gut, dass der wahre Schrecken der ist, den man nicht sieht.« Das ist zu viel. Rolands Freunde machen sich bereit, für ihn zu antworten. Der erste spricht von einem »hysterischen Happening«. Der zweite gesteht, »von dieser Anhäufung stereotyper Urteile, die seit einer halben Stunde nicht aufhört, peinlich berührt zu sein«. Ein dritter setzt hinzu: »Meinen Sie nicht, dass man auch anders als in stereotypen Urteilen reden kann?« Der Beschuldigte erwidert, ohne sich aus der Fassung bringen zu lassen: »Roland hat es bewiesen. Ich würde vielleicht sagen, dass er sie geschickter gehandhabt hat. Sie scheinen gefühlsmäßig zu reagieren, als ob ich Roland angreifen würde. Ich wollte in seinen Texten eine Gewalttätigkeit aufzeigen, die mich unmittelbar anspricht.«

Währenddessen schweigt der Meister hartnäckig. Um die Wahrheit zu sagen, es ist eine andere Stelle der Ansprache Robbe-Grillets, die ihn verletzen wird. Bei einer vorangegangenen Zusammenkunft hat der Meister zum ersten Mal ein Eingeständnis gemacht: Er habe Lust, zum Roman überzugehen. Eine Lust, die ihm seine restliche Lebenszeit vergällen wird. »Einen Roman schreiben: das liegt vor mir«, hat er erklärt, »denn ich habe schon lange Lust, diejenigen darzustellen, die ich liebe, und das ist mir bis jetzt absolut nicht gelungen ...« Eines Abends, als er niedergeschlagen war, fügt er hinzu, sei er »auf eine wundersame, beglückende« Weise von der Vorstellung »aufgerichtet« worden, er werde »wie Proust einen Roman annehmen, so wie man einen Glauben annimmt«.

Nun versetzt Robbe-Grillet jedoch, sein Freund Roland sei bereits »ein Romanschriftsteller«, »ein moderner Romanschriftsteller: Seine Fragmente beschreiben immer dasselbe, und dabei handelt es sich um fast nichts«. Sein ganzes Leben lang hat der Meister davon geträumt, ein Romanschriftsteller zu werden: »Ich wollte immer wie Alexandre Dumas schreiben, habe es aber nie gewagt«, hat er dem anderen Roland anvertraut. »Im Gymnasium glaubte ich, er würde der Victor Hugo unserer Zeit«, lässt Philippe einfließen, ein Mitschüler, der Botschafter wurde. Davon überzeugt, zu lange Ausflüchte gemacht zu haben, weiß Roland, die Konversion wäre schmerzhaft. Allerdings mag er die Art nicht, in der Robbe-Grillet kundtut, sie sei bereits vollzogen worden. Er nennt sich deutlich, ja sogar rechthaberisch, und unbeirrbar klar »Verfasser«, stets nur Verfasser. Nun also Romanschriftsteller!

In Cerisy müssen die Tage ausgefüllt werden: Man spielt Pingpong, man strengt sich an, um im Restaurant am Tisch des Meisters zu sitzen. Eines Abends rauchen ein paar Houëlianer in einem Zimmer Haschisch, als sich die Tür öffnet und Roland auftaucht. »Jean-Louis hat ihn an die Hand genommen. Er benimmt sich wie ein Kind, das sich führen lässt: Er veranlasst ihn, sich auf den Boden zu setzen«, erzählt Éric.

Begierde liegt in der Luft. Roland verbringt die Nacht mit einem jungen Akademiker, Yann. Leider nur, um ihn fast ohne Unterlass über Marguerite Duras reden zu hören. »Ich habe ihm ein Empfehlungsschreiben für Marguerite geschrieben. Das ist für alle Seiten besser«, gesteht er, verärgert, am nächsten Morgen. Yann sollte Marguerites letzter Partner werden ... Nachts ist der Meister in Brume-sur-Mémoire nicht der Einzige, der auf Pirsch geht: »In den Gängen gab es ein Kommen und Gehen; Taschenlampen zerschnitten die Dunkelheit«, erinnert sich Jean-Louis.

Eines Nachmittags begleitet Roland die Houëlianer ans Meer. Der Mutigste nimmt ein Bad. Am folgenden Morgen wird er in Granville mit Antoine frühstücken. Nachdem sie das Bistro verlassen haben, betreten sie ein Geschäft für Seemannskleidung. Obwohl er erklärt, keinen Bedarf dafur zu haben, kauft sich der Meister einen Südwester. Sein ganzes Leben lang wird er zu Spontankäufen neigen, was er damit erklärt, in seiner Jugend Not gekannt zu haben.

Da ist auch schon die letzte Sitzung an der Reihe. Das Schlusswort: »An diesem Punkt meines Lebens angekommen, am Ende eines Kolloquiums, für das ich als Vorwand diente, würde ich sagen, dass ich den Eindruck, das Gefühl und fast die Gewissheit habe, es mit meinen Freunden weitergebracht zu haben als mit meinem Werk.« Koketterie? Eine etwas zu einschmeichlerische Art, sich bei denen zu bedanken, die diese Ortsveränderung zuwege gebracht haben? Nicht nur das! Im Verlauf der Woche hat er zugegeben, sich »oft wie ein Hochstapler vorzukommen«. Robbe-Grillet, der aufmerksamer ist, als es vor Ort den Anschein hat, wird später verkünden, eine Befürchtung habe seinen Freund beim Herannahen des Todes besonders verfolgt: Der Meister war sich überhaupt nicht sicher, ob sein disparates Werk in die Nachwelt übergehen würde; er hat sich Vorwürfe gemacht, einen altmodischen Roman schreiben zu wollen, obgleich er doch der Sänger der Modernität gewesen ist. Seine Freunde – in erster Linie seine jungen schwulen Freunde – waren im Gegensatz dazu das Salz seiner Abende, das Salz seines Lebens.

Roland wird praktisch schon zu Lebzeiten einbalsamiert. Aber angesichts von Mams Kranksein fühlt er sich immer verletzlicher. Bevor er wieder nach Paris fährt, pflückt er eine Rose und steckt sie sich ins Knopfloch. André Téchiné, der ihn dabei beobachtet, hat den Eindruck, er mache sich hübsch, bevor er seine wahre Liebe wiedersieht. Jene, die sterben wird.

6 Das Urter Tagebuch

Der Meister hat oft vorgehabt, ein Tagebuch zu führen. Die Freizeit nutzend, die ihm sein Aufenthalt in Urt bietet, versucht er sich im Juli daran. Es machte immer wieder Freude, im Südwesten zu sein, aber er langweilte sich dort stets ein wenig. Zur Vorbereitung der Vorlesung für das Collège de France widmete er sich für gewöhnlich diversen Schreibaufgaben. Indem er sich in das »Urter Tagebuch« stürzt, tritt Barthes vor Roland zurück.

Ein erster Eintrag vom 13. Juli 1977: »Düstere Gedanken, Ängste, Befürchtungen: Ich sehe das Sterben des geliebten Wesens, verliere deshalb den Kopf ...« Angesichts des drohenden Todes ist er nur ein zitterndes Kind. Am selben Tag schreibt er einem seiner Schüler, Éric, die dringende Bitte, ihn in Urt zu besuchen: Mam »ist sehr erschöpft: Sie bleibt fast nur im Bett seit unserer Ankunft, und mir wird das Herz schwer«. Da ist er also, verwandelt in einen Krankenwärter. Für seine Gesprächspartner ist es selbstverständlich obligatorisch, sich nach dem Gesundheitszustand von Mam zu erkundigen. Ein Professor des Collège de France, der in Urt auf einen Besuch vorbeikommt und der selbst die Krankheit seiner eigenen Mutter vor Angesicht hat, nimmt sich das Recht, ihrer beider persönlichen Kummer zu vergleichen: »Man hatte den Eindruck, nur er habe eine Mutter«, seufzt er, auch heute noch verstimmt.

Am 14. Juli findet sich diese Feststellung: »Warum ist die Sorge hier schlimmer als in Paris? Dieses Dorf ist eine so normale Welt, so bar jeder Fantasie, dass die Regungen der Empfindsamkeit hier völlig fehl am Platz wirken. Ich bin exzessiv, daher ausgeschlossen.« In Paris fühlt er sich als Mann aus dem Südwesten. In Urt fühlt er sich pariserisch. Selbst nach seinem Fernsehauftritt in *Apostrophes* wissen nur wenige Dörfler, wer er wirklich ist. Er sei ein »Herr von der Sorbonne«, so die weniger schlecht Informierten, auch wenn die Leute von der Sorbonne ihn ablehnen. Roland gewöhnt sich sogar ein Auftreten an, dass ihn abgrenzt: in Urt gefällt es diesem Liebhaber von Tweed, einen Blaumann anzuziehen.

Mit den Jahren hat er einige Bekanntschaften geschlossen, insbesondere mit Dr. L. Zusammen machen sie Musik. »Eigentlich fabrizieren wir Geräusche«, korrigiert der Meister, der sich immer dafür schämte, ein mittelmäßiger Pianist zu sein. »Roland mochte es nicht, zweimal dasselbe Stück zu spielen«, erinnert sich der Arzt, der ihn auf der Violine begleitete. Der Meister schätzt die Gesellschaft seiner Töchter, die Familienatmosphäre, die in der schönen Wohnung des Doktors herrscht, von wo aus er den Anblick der Adour genießt. Er isst dort ein paar Mal zu Abend und vergisst nie, eine Postkarte von seinen Auslandsreisen zu schicken.

Am 16. Juli notiert er: »Die morgendliche Runde (zum Lebensmittelhändler, Bäcker, während das Dorf fast noch menschenleer ist) würde um nichts in der Welt auslassen.« Dieser Gewohnheitsmensch schuf sich natürlich auch in Urt feste Abläufe. Mit dem Tagesanbruch macht er sich auf, Besorgungen im Zentrum der Ortschaft zu machen, das einige Dutzend Meter von seinem Haus entfernt liegt. Er kauft »den« *Sud-Ouest*, wie er sagt, die regionale Tageszeitung, hält sich in der Bäckerei auf. Oft geht er hinter das Geschäft, wo sich der Ofen befindet, um mit dem Bäcker, der gleichzeitig auch Bürgermeister ist, über Politik zu diskutieren. Oder er schwatzt mit der Tochter des Hauses, einer Frau, deren Aufgewecktheit er schätzt. Sie leitet heute das Geschäft ihrer Eltern. Wenn man ihr gegenüber den Meister erwähnt, sagt sie einfach nur: »Das war ein feiner Herr.« Zu Weihnachten hat er ihr immer ein kleines Geschenk gemacht ...

In Paris war sein Betragen herrschaftlich. Er verabscheute die Masse, pfiff auf das, was er die Doxa nannte und was man heute als »politisch korrekt« übersetzen könnte. Die Neologismen, mit denen er seine Texte spickte, waren auch ein Mittel, sich über das Niveau des Gewöhnlichen zu erheben. In Urt stürzt er sich mit Wonne ins Getümmel. Er schreibt: »Ich begreife mehr Dinge über Frankreich im Verlauf einer Runde durch das Dorf als in Paris in mehreren Wochen.« Zu »den Leuten von Urt«, wie der kleine Bruder sagt, ist er, ohne sich dazu zwingen zu müssen, außerordentlich freundlich.

Am 16. Juli: »Mam geht es heute besser. Sie sitzt im Garten mit einem großen Strohhut. Sobald es ihr ein wenig besser geht, ist sie mit dem Haus beschäftigt, verspürt sie den Wunsch einzugreifen; sie lässt wieder Ordnung schaffen, stellt tagsüber den Boiler ab, was ich niemals tue.« Éric erinnert sich, dass der Meister seine Mutter »vorsichtig auf eine Liege im Schatten« gelegt habe, als er eintraf.

Roland langweilt sich in Urt und seine Gäste in noch größerem Maße. Eines ist am Abend unumgänglich: Der Fernseher. In der gaskognischen Wildnis auf Knabenjagd zu gehen, wäre abwegig. Auch wenn ihm manchmal in den Sinn kommt, sein Glück in Biarritz am Strand zu versuchen. Einmal ist er mit einem blauen Auge zurückgekommen: Er hatte sich von einem kleinen Straßenjungen die Brieftasche klauen lassen.

»Mama, ich bin im Fernsehen.« Die Stimme von Roland hallt durchs Haus. Mam ist oben in ihrem Zimmer. Das Zweite zeigt ein Interview mit Pierre Dumayet. Der Meister stellt den Ton lauter, aber seine Stimme ist zu verzerrt, als dass Mam das Gespräch verstehen könnte. Also »hilft er ihr vorsichtig beim Heruntersteigen, um sie auf eine Art Diwan zu setzen«, erzählt Éric, der einmal mehr von der unendlichen Umsicht des Meisters ergriffen ist. In eben jener Sendung wirft Jean-Louis Bory ihm vor, sich zu sehr zu kontrollieren, nicht genug »rumzumachen«. Roland hat in Cerisy auch darauf angespielt. »Ich erinnere mich an den Lachanfall, der uns alle drei ergriff«, berichtet Éric. Hat Mam verstanden, was Bory von ihrem Sohn verlangt hat?

Der Erfolg bringt merkwürdige Vorkommnisse mit sich. An einem anderen Abend sehen sich Roland und Éric einen Film von Buñuel an, den sie wenig überzeugend finden. Der Meister steht auf und schaltet um. Da taucht auf dem Bildschirm der Romanschriftsteller Jacques Laurent auf, der »diesen Klugscheißer Barthes« geißelt. Dem Ersticken nahe, schaltet der »Klugscheißer« sofort den Fernseher ab. Er sieht niedergeschlagen aus. Ferien in Urt, das heißt nicht »Ferien von den Aggressionen« ...

18. Juli: letzter »Geburtstag von Mam. Ich kann ihr nichts schenken, außer einer Rosenknospe aus dem Garten; die erste und die einzige, seit wir hier sind.« Er schreibt: »Wellen der Angst, Befürchtung des Schlimmsten und unangebrachte Hochstimmungen.« Aus gegebenem Anlass kommt Myriam, eine Nachbarin, die Mam und die Jungs schätzten, um zu kochen. Das Menu ist uneingeschränkt regional: eine Gemüsesuppe, die berühmte Garbure, ein Paprikaomelett und Mandelkuchen aus Peyrehorade. In Urt gehört der Verzehr von Produkten aus der Gegend zum Ritual, dem die Gäste unterworfen werden: Die Kuchen aus Peyrehorade, der Schafsmilchkäse aus der Abtei von Bellocq, die Schokolade der Firma Cazenave aus Bayonne ...

»M. L. lässt von einer ihrer Töchter Blumen aus ihrem Garten überbringen«, notiert Roland noch. Hinter diesen Initialen verbirgt sich die Aufwartefrau. Sie und ihr Mann, der sich um den Garten kümmert, pflegen eine Art Liebesbeziehung mit Mam und den Jungs. M. L. lebt nicht mehr, aber eine ihrer Töchter erinnert sich: »Wenn die Barthes' da waren, dann hatten wir noch andere Eltern.« Sie stellen sich der Familie aus Paris voll und ganz zur Verfügung. Die Bande sind derart eng, dass Roland zur Hochzeit der ältesten Tochter eingeladen wird. Aus Anlass des zehnten Jahrestages seines Todes hat »der« *Sud-Ouest* ein Foto veröffentlicht, das den Meister inmitten der ziemlich ländlichen Gäste zeigt. Auf den meisten Bildern, die gegen Ende seines Leben von ihm gemacht wurden, zeigt er eine düstere Miene. Auf der Hochzeit in Urt wirkt er merkwürdig entspannt, beinahe lebensfroh ...

Mit M. L. unterhielt der Meister eine dauerhafte Korrespondenz. Anfangs hatte sie ihm mit der Begründung nicht schreiben wollen, sie mache viele Rechtschreibfehler. Aber er beruhigt sie, erklärt ihr, dass das keinerlei Bedeutung habe: Er hätte in Paris gern Nachrichten über Urt und das Haus.

Érics Anwesenheit macht den Aufenthalt weniger schwermütig. Die beiden Männer haben lange Unterredungen, über den Sinn, ein Tagebuch zu führen, über die kommenden Werke des Meisters. Am 22. Juli schreibt er: »Seit einigen Jahren eine einzige Aufgabe: meine eigene Dummheit zu erforschen, indem ich ihn zum Thema meiner Bücher mache.« Der Meister und seine Dummheit: Welcher andere große Geist hat von sich in solch alltäglichen Begriffen gesprochen? »Ich habe die egoistische Dummheit und die Liebesdummheit ausgesprochen«, fährt er fort, unter Anspielung auf seine Autobiografie und auf die *Fragmente einer Sprache der Liebe*. Bleibt nur noch die politische Dummheit: »Was ich in politischer Hinsicht über die Ereignisse denke (und ich höre nicht auf, mir darüber Gedanken zu machen), ist von Tag zu Tag immer dümmer.«

Einmal mehr ist es nicht nur einfach Koketterie, wenn Roland sich derart herabsetzt. Auf der Höhe seines Ruhmes ist er von manch einem, nach einer Formulierung von Dr. L., als der »intelligenteste Mann Frankreichs« angesehen worden. In den Augen aller, die ihm nahe gekommen sind, besaß er eine Gabe: seine Gesprächspartner klug zu machen. »In seiner Nähe fühlte man sich, als ob man jemand sei«, hat Julia Kristeva geschrieben. Aber dieses Monstrum an Klarheit schonte sich selbst nicht. Als Beleg möge jenes Geständnis dienen, dass er eines Tages dem anderen Roland macht, den er mit seiner Beharrlichkeit weit über jedes Maß hinaus verfolgt hat: »Du weißt sehr gut, dass ich ein Depp bin.« Er ertrug es nicht, dies im Fernsehen von einem Romanschriftsteller zu hören, der seine Herrschaft über die Buchstaben in Abrede stellte. Aber in seinem Tagebuch oder seinen engen Freunden gegenüber verbreitet er sich über seine Dummheit. Stets dieses lästige Gefühl der Hochstapelei.

Zusammen mit Éric wird er Ausflüge machen. Am 22. Juli in den Supermarkt Casino in Anglet bei Bayonne: »Uns wird schlagartig klar, dass die Leute wahllos kaufen, wie ich es selbst mache. Klarheit darüber angesichts eines Wagens, der prunkvoll wie eine Kalesche an uns vorüberzieht, dass nicht die geringste Notwendigkeit bestand, die in Cellophan verpackte Pizza zu kaufen, die sich darin aalt.« Je weiter er voranschreitet, desto mehr interessiert er sich für »das Leben in seinen feinen Verästelungen«, wie er selbst sagte.

Urt ist nicht gänzlich ein gottverlassenes Loch. Am Lauf der Adour befindet sich eines der besten Restaurants von Frankreich, La Galupe. Der Meister geht umso häufiger dort hin, weil der Koch der Sohn des Lebensmittelhändlers der Ortschaft ist. Eines Abends führt er Éric dorthin aus. Unterwegs kommen sie an einem verliebten Pärchen vorbei, das Händchen hält. »Gide hat sich geirrt«, gibt Roland von sich. »Nicht Familien, sondern Paare sind es, die ich hasse, hätte er schreiben sollen.« Niemals hat er weniger Lust gehabt, sich zu häuslich einzurichten. Mehr denn je möchte er für Mam da sein. In drei Monaten wird sie tot sein.

54

7 Die Amputation

»Das Leben besteht bloß aus Anfängen«, hat Madame de Staël geschrieben. Je älter Roland wird, desto mehr bemüht er sich, diesen Zustand zu überwinden. »Ich habe diesen Hang zu Einführungen, zu Skizzen und verschiebe das eigentliche Buch auf später«, hat er einmal zugegeben. Er fährt fort zu sammeln: der Versuch eines Tagebuchs, ein Stück eines Romans, eine Artikelsammlung über Sollers, Tagesartikel für *Le Nouvel Observateur*, eine »Bemerkung« zur Fotografie – sein noch kommendes Werk bleibt im embryonalen Stadium. Im Sommer 1977 in Urt hat er seine »Tagebucheintragungen« bald satt. Später wird er erklären: »Die Frage, die ich mir stelle: ›Soll ich ein Tagebuch führen?‹, wird in meinem Kopf unmittelbar mit einer unfreundlichen Antwort versehen: ›Ist uns doch egal‹.«

Immer diese Schwierigkeit, sich ernst zu nehmen, sich als Ikone zu begreifen. »Wie kann man ohne Egotismus Tagebuch führen?«, fragt er sich, »denn Egotismus habe ich reichlich wenig.« Das kann man nur bestätigen. Im August ist er immer noch mit Mam in Urt. Sie ist zu schwach, daher kann er nicht in Betracht ziehen, richtige Ferien mit den »Freunden« zu machen, wie er es für gewöhnlich tut. In einen Krankenwärter verwandelt, bleibt er an ihrem Bett, »eisern«. Er hat kein Vergnügen an Tändeleien, wie er in einem Brief an Renaud Camus erklärt: »Mein Leben hat sich mit dem Kranksein meiner Mutter verändert. Ich bin nicht nur unabkömmlich, sondern fühle mich auch davon befreit, anderen zur Verfügung stehen zu müssen.«

Trotzdem versucht er, die Langeweile zu vertreiben. Er zitiert zwei seiner Schüler herbei, die in der Nähe von Urt, in Gers, Urlaub machen: Die Brüder Bogdanov machen sich mit ihren Gitarren auf den Weg. Der Meister war »fasziniert von ihrer wesensgleichen Schönheit«, erklärt Éric. Vor allem schätzt er die Leichtigkeit dieser zukünftigen Fernsehstars, die sich unter seinen Schülern stark hervorheben. »Ihr seid wie jene Wesen, die in keiner Weise belasten. Ihr kommt mir wie wohlwollende Außerirdische vor«, sagt er ihnen gern. Jedes Jahr treffen sich die drei Männer auf ein »Sommer-Rendezvous«. Wenn er die beiden Besucher vor seiner Tür stehen sieht, ruft Roland aus: »Ich bin betört. Ich habe geglaubt, zwei griechische Statuen stehen in meinem Garten.«

Sie begleiten ihn in die Bäckerei. »Ich habe Lust, das Fahrrad von Myriam auszuprobieren«, ruft er auf der letzten Seite seines Tagesbuchs aus. »Ich bin nicht mehr Fahrrad gefahren, seit ich ein kleiner Junge war. Mein Körper findet diese Unternehmung sehr seltsam, sehr schwer.« Glücklicherweise sind die beiden Brüder da, damit er das Gleichgewicht hält. Die drei Freunde lachen viel. »Was mich fasziniert, ist das Klappern, das den Freilauf ankündigt«, führt Roland umständlich aus. Er ist so stolz auf seine Heldentat, dass er der Bäckerin davon berichtet. Beim Hinausgehen aus dem Laden philosophiert er immer noch: »Das Wichtigste am Brot ist sein Geruch. Den kann man nicht kaufen, aber ich kann damit weggehen.«

Als er wieder auf das Fahrrad steigt, fällt er natürlich herunter. »Instinktiv lasse ich mich übermäßig fallen, mit beiden Beinen in der Luft; ich habe meinen Sturz nachgeholfen und dadurch die Aufmerksamkeit auf mich gelenkt, ich habe mich lächerlich gemacht, aber so habe ich die Wirkung auch abgeschwächt.« Selbst wenn es vorausschauend geschah, so war es doch ein Reflex zum Selbstschutz. Die Brüder Bogdanov haben den Vorfall im Gedächtnis bewahrt: ein »filmischer« Sturz, in

Zeitlupe, gefolgt von einem Purzelbaum. Am Boden streckt der Meister alle Viere in die Luft. Er steht unbeholfen wieder auf und klopft sich den Staub von seinem Blaumann. »Er war zufrieden mit seinem Sturz, das gab ihm etwas Jungenhaftes«, so die beiden Brüder. Solange Mam lebt, kann er sich wie ein Kind betragen.

»Ich habe mich lächerlich gemacht« – ist das nicht insgeheim die Absicht dieses Tagebuchversuchs? Er hat Lust, die Maske fallen zu lassen. Je mehr ihm geschmeichelt wird, je mehr er verehrt wird, desto mehr hat er Lust, gleichzeitig sein Denkmal und seine Stellung zu zerstören. Er beschwört seine Dummheit, setzt seine Tölpelei in Szene. Wir nennen ihn hartnäckig »Meister«, aber »er betrachtete sich nicht als Meister«, so die Brüder Bogdanov in Übereinstimmung mit seinen anderen Schülern. »Elend des Menschen« hat ein anderer Verfasser von Fragmenten geschrieben: Pascal. Elend des Meisters, entgegnet Roland wie ein Echo.

An guten Tagen bereitet Mam mittags eine Kleinigkeit zu: Rettich und ein Omelett mit Kartoffeln. »Was ich an Mutters Küche schätze«, erläutert Roland, »ist ihre Einfachheit, sozusagen ihre Wahrhaftigkeit.« Die Anwesenheit der beiden Schüler bringt ihn dazu, die, wie Téchiné sagt, »Gemeinplätze wieder an die Kette zu legen«. Nachmittags machen sie Musik, danach spielen sie Rätselraten. »Das war ein verschwiegenes Spiel.« Als sie wieder gehen wollen, sagt der Meister: »Ich hatte Lust, euch etwas zu erzählen, aber es wurde über nichts gesprochen. Etwas ist dreimal nichts.«

Das Tagebuch von Urt schließt am selben Tag mit einem letzten Eintrag: »Plötzlich ist es mir gleichgültig geworden, nicht modern zu sein.« Ein anderer berühmter Schüler des Meisters, Alain Finkielkraut, hat darin ein wesentliches Eingeständnis gesehen, »das merkwürdige Gefühl einer Erlösung, einer Aussöhnung mit sich selbst. Das ist das Ende des Krieges, den er gegen seinen eigenen Geschmack geführt hat.« Vom Nouveau Roman bis hin zum *Nouvel Observateur* ist seine ganze Karriere mit dem Etikett der Moderne versehen worden. Dennoch liest er wenige moderne Werke, begnügt sich die meiste Zeit damit, die Umschläge der Bücher anzuschauen, die er erhält. Am Abend vor dem Einschlafen liest er Chateaubriand, Tolstoi und Proust noch einmal ... »Man kann über die Moderne nur Arbeiten taktischer Natur ausführen«, hat er in Cerisy eingestanden.

Seinerzeit war Finkielkrauts Urteil skandalös, denn der Meister wurde als tonangebend angesehen. »Er war stets der Erste, immer der Vordenker, es war unmöglich, ihm zuvorzukommen«, schreibt folgerichtig Antoine, der Organisator des Kolloquiums von Cerisy. 20 Jahre später wird derselbe Antoine ihn unter die »Antimodernen« einreihen. Sicher, es ist nicht »einerlei«, dass der Meister dieses Eingeständnis beim Herannahen von Mams Tod gemacht hat. »Barthes ist nicht nur darauf ausgerichtet, nach vorne zu schauen, sondern auch zurück«, bemerkt Finkielkraut.

Zurückgekehrt nach Paris hat er nur eine einzige Sorge: Die Gesundheit von Mam. Das Herz immer schwächer, die Beine immer schwerer, ist sie praktisch gelähmt. Sie weigert sich, in ein Krankenhaus gebracht zu werden. Sie wird bei ihm sterben. Roland sucht eine Betreuerin, die sich um sie kümmern soll, wenn er nicht da ist. Eine Freundin schlägt ihm eine katholische Nonne vor. Weigerung: Er will Mams protestantischen Glauben nicht verletzen. Schließlich findet er eine Krankenschwester über die Gemeindeverwaltung des VI. Arrondissements. Er geht fast nicht mehr aus. Wenn er mit einem Freund zu Abend isst, tut er das in einem kleinen Restaurant in der Rue Servandoni, um schnell wieder bei Mam zu sein.

Weniger denn je kann er sich losmachen. Später wird er in *Die helle Kammer* erzählen: »Am Ende ihres Lebens war meine

Mutter schwach, sehr schwach. Ich lebte in ihrer Schwäche; es war mir unmöglich, an der Welt draußen teilzuhaben, am Abend auszugehen, jede Geselligkeit flößte mir Entsetzen ein. Während ihrer Krankheit pflegte ich sie, reichte ihr die Teeschale, die sie liebte, weil sie daraus bequemer als aus einer Tasse trinken konnte; sie war meine kleine Tochter geworden«. Und er wird hinzufügen: »Ich sah sie, die Starke, die mein inneres Gesetz war, wie mein weibliches Kind enden ... Ich, der ich mich nicht fortpflanzte, hatte meine Mutter in eben jener Zeit ihrer Krankheit gezeugt.«

Kann man stärker miteinander verschmolzen sein? Sie war bereits seine Mutter und seine Gattin, jetzt wird sie zu seiner Tochter ... Ja, so Jean-Louis, sogar zu seinem »Baby«. Die Freunde umgeben ihn. »Niemand von uns wird die Tage vergessen können, die dem Tod seiner Mutter vorangingen«, hat François, der befreundete Verleger, zurückhaltend geschrieben. Roland spürt, wie ihm der Boden unter seinen Füßen schwindet. Er ist nur noch ein Schatten, der versucht, das Unabänderliche hinauszuzögern, der vor der Aussicht der Leere ins Wanken gerät. Man weiß, was Christus am Kreuz rief: »Vater, Vater, warum hast du mich verlassen?« Roland ächzt: »Mutter, Mutter, warum hast du mich verlassen?« Die ihm verbleibende Zeit wird er als Amputierter leben.

8 Ein Mann im Winter

Éric ist am Abend telefonisch zum Kommen aufgefordert worden. Wie andere Freunde Rolands auch sitzt er im Zimmer lange andächtig vor der sterblichen Hülle. Beim Tod von Mam am 24. Oktober 1977 fordert der Meister die ihm Nahestehenden auf, sich um ihn zu scharen. Er ruft seine Freunde in der Ferne an, um sie an dem Ableben teilhaben zu lassen. Jedes Mal ist die Nachricht dieselbe: »Ich wollte Ihnen persönlich die schlimme Nachricht überbringen. Ich wollte nicht, dass Sie sie aus der Zeitung erfahren.«

Er telefonierte nicht gern. Zweifellos, weil er einer Generation angehörte, die das Telefon erst spät kennengelernt hatte. Dahinter steckte gleichermaßen Zartgefühl wie die Angst zu stören. Beim Tod von Mam vereinigt er alle jene, die er vereinigen kann, und schreibt bloß den Freunden im Ausland und denjenigen, mit denen er gesellschaftlichen Kontakt pflegt. Niemand soll die »schlimme Nachricht« ignorieren können.

Die Beerdigung findet in Urt im engsten Kreis statt. Von den Schülern ist nur Jean-Louis an der Seite des Meisters. Der Pastor von Bayonne spricht einige Worte: Er erinnert daran, dass die Witwe von ihrer Schwiegerfamilie verstoßen wurde, als sie einen zweiten Sohn von einem anderen Vater bekommen hatte. Er bittet um Beistand, der kleinen protestantischen Gemeinde von Bayonne zu vergeben, die nicht akzeptieren wollte, dass eines ihrer Mitglieder sich in einen Juden verliebt hatte ... »Ein widerwärtiges Benehmen«, nennt Jean-Louis das heute. Der kleine Geleitzug verlässt das Haus, um sich zum Friedhof ganz

60

in der Nähe zu begeben. Was denkt der Meister am Grab? Ihre Trennung ist nur vorübergehend ...

Youssef und Éric holen Roland und Jean-Louis nach der Rückkehr aus Urt am Gare de Lyon ab. Sie begeben sich in die Rue Nicolas-Houël zu einem Leichenschmaus. Auf Jean-Louis zeigend vertraut der Meister der kleinen Gruppe an: »Er hat viel mehr geweint als ich.« Jean-Louis hat mehr geweint, aber es ist Roland, der am Boden zerstört ist. Alle seine Freunde hatten Angst vor dem Verlust Mams. Sie haben gespürt, dass die Verzweiflung des Sohnes in dem Maße stieg, wie die Krankheit der Mutter fortschritt. Roland befindet sich nun nicht mehr wirklich im Hier und Jetzt, sondern weit mehr im Jenseits. Zwei Jahre später wird er schreiben: »Ich kann ohne die Mutter leben, das tun wir alle früher oder später, aber das Leben ist für mich ganz bestimmt und bis zum Schluss nicht mehr lebenswert.«

Die Brüder Bogdanov erinnern sich an einen intensiven, mit dem Meister verbrachten Augenblick auf einer Bank im Hof der École pratique des hautes études im Herbst. Es wird dunkel, die welken Blätter fallen von den Bäumen. Sie unterhalten sich über seine Verfassung. Roland antwortet mit dumpfer Stimme: »Mama ist gegangen, und mir gelingt es nicht, mich damit abzufinden.« Sie haben den Eindruck, der Meister führe Selbstgespräche: »Es gibt keine Empfindung, wenn da keine Hoffnung mehr ist.« »Nach dem Tod seiner Mutter hat er sich in einen Schleier gehüllt«, so die beiden Brüder.

Auf der Bank verfällt Roland in langes Schweigen. Noch langer als gewohnlich. Die beiden Brüder müssen die Ohren spitzen, um die wenigen Worte zu hören, die er über die Lippen bringt: »Bis zum Verschwinden von Mama fühlte ich mich jung. Seither fühle ich mich rasend schnell altern.« In seinem kleinen autobiografischen Buch hat der Meister erklärt, die lange Krankheit in seiner Jugend habe eine merkwürdige Auswirkung gehabt: Sein ganzes Leben lang hatte er sich fünf bis sechs Jahre jünger gefühlt, als er wirklich war. Mit dem Tod von Mam drängt sich die Wirklichkeit auf: Er wird bald 62 Jahre alt und er ist nicht mehr sehr fidel. Seine schwachen Lungen führen zu regelmäßigen Hustenanfällen. Auch leidet er an Migräne. Bei jedem Zusammentreffen mit seinen Vertrauten beginnt er, über seine Wehwehchen zu klagen. Er nennt das »sein Wehklagen«. »Die liebevolle Beziehung« setze voraus, dass »der Freund nicht missmutig wird«, wenn er Jeremiaden hört, erinnert sich Éric. Da steht er, allein mit sich ohne Beschützerin. »Er wäre niemals von einem Lieferwagen angefahren worden, wenn seine Mutter noch gelebt hätte«, versichert ein Schüler. »Mit ihrem Verschwinden hat er seine Orientierung verloren.«

In diesem Herbst der Trauer 1977 sucht der Meister auf Familienfotos unablässig nach Mam. Er weiß sehr wohl, dass er sich »aufgrund dieses verhängnisvollen Umstands, der einer der grausamsten Züge der Trauer ist«, nicht mehr an »ihre Züge erinnern« können wird. Aber er möchte »ein kleines Buch« über sie verfassen, damit seine Erinnerung an sie »mindestens ebenso lange anhält« wie seine eigene Bekanntheit. Mehr denn je wünscht er sich, mit ihr verbunden zu sein. »Barthes, Mutter und Sohn«, sein gesamtes Werk könnte unter dieser Überschrift firmieren.

Er betrachtet »ihr letztes Bild«, aufgenommen in Urt im Sommer vor ihrem Tod: »so müde, so nobel, vor der Tür unseres Hauses sitzend, umgeben von Freunden«. Er befasst sich mit den in seiner Autobiografie veröffentlichten Fotos: jenem, wo man seine »Mutter als junge Frau am Strand der Landes spazieren gehen« sieht. Er erkennt »ihren Gang, ihre Ausstrahlung« wieder, bedauert jedoch, dass ihr Gesicht »zu weit weg« sei.

Er betrachtet »ein Foto, auf dem die Mutter [ihn] als Kind an sich drückt«, was in ihm »die zerknitterte Zartheit des

Crêpe de Chine und den Duft von Reispuder« wachruft. Als ewiges großes Kind hat der Meister die Kindheit über das Normalmaß hinaus verlängert. Babys werden von Müttern in ihren Armen getragen. Dank ihrer Robustheit, die Grazie keineswegs ausschloss, fuhr Mam fort, Roland in den Armen zu halten, bis er fast ein Jüngling war. Auf dem Foto klammert er sich an sie wie an eine Boje. »In der liebevollen Geborgenheit ihrer Arme«, seufzt er. Wenn sie größer werden, akzeptieren Kinder die Abwesenheit ihrer Mutter. Nicht so Roland. In Paris, als er schon über zwölf Jahre alt ist, fühlt er sich »verlassen«, weil Mam arbeiten muss: »Ich wollte abends in Sèvres-Babylone ihre Rückkehr abwarten; der Bus fuhr mehrere Male vorbei, sie war in keinem.«

An diesem Novemberabend ist seine Verzweiflung noch um Vieles größer, weil alle diese Fotos ihm nur wie Annäherungen anmuten: »Ich erkenne sie immer nur stückweise, das heißt, dass ich ihr Wesen vermisse.« Er entdeckt die »Klarheit ihrer Augen, das Blaugrün ihrer Pupillen« wieder, nicht aber ihr »Wesen«. »Schritt für Schritt zusammen mit ihr in der Zeit zurückgehend«, endet er mit der Entdeckung »der Wahrheit des geliebten Gesichtes« auf einem Foto, auf dem sie fünf Jahre alt ist. Ein Foto, auf dem sie, die Hände gefaltet, im Wintergarten jenes an den Ufern der Marne befindlichen Hauses posiert, in dem sie geboren wurde: »Ich betrachtete das kleine Mädchen und fand endlich meine Mutter wieder«: »die Bestätigung einer Sanftheit«, »dieser Liebreiz einer besonderen Psyche«.

Während ihrer letzten Krankheit hatte er den Eindruck, seine Mutter wäre seine Tochter geworden. Nach ihrem Tod findet er die Bestätigung dafür auf einem Foto, auf dem sie fünf Jahre alt ist. Die Beziehung von Mam und Roland erinnert an die Geschichte von dem Ei und dem Huhn: Mam hat Roland geboren, der Mam geboren hat, die Roland auf die Welt gebracht hat ... Dieses Wintergartenfoto wird ihn die Zeit, die ihm noch bleibt, begleiten. Mal sieht er es mit Vergnügen an: »Es ist für mich der Schatz an Strahlen, die von meiner Mutter als Kind ausgingen.« Aber ebenso oft lässt ihn das Foto vor Entsetzen erstarren: »Ich bin allein vor ihr, mit ihr. Ich leide stumm.« Oder auch: »Vor dem Foto meiner Mutter als Kind sage ich mir: Sie wird sterben. Ich zittere vor einer Katastrophe, die bereits stattgefunden hat.«

Der Tod, der immer wieder stattfindende Tod ... Er ist noch nicht bereit, die Trauer hinter sich zu lassen: »Ich konnte nur noch meinen vollständigen Tod abwarten, das las ich aus der Wintergarten-Fotografie heraus.« Seinen vollständigen Tod! Roland befindet sich also im Zustand eines teilweisen Todes: Nicht nur Mam ist gestorben, sondern auch Mams Anteil in ihm. Es gibt siamesische Brüder oder Schwestern. Bei den Barthes' handelt es sich um ein einzigartiges Beispiel eines siamesischen Mutter-Sohn-Paares. Ohne Mam fühlt sich Roland verstümmelt. Mam, seine Mutter, seine Tochter, seine Schwester, sein Zwilling. »Er hat ihren Tod nicht überwunden, weil er sich gleichzeitig wie ein Witwer und wie ein Waisenkind fühlte«, so ein Schüler. Mehr noch ... »Sie ist tot. Ich werde nie wieder einen Grund haben, mich mit dem Lauf des Lebendigen in Einklang zu bringen, das Schreiben wird der einzige Zweck meines Lebens sein.«

Nicht ganz, da gibt es noch die Jünglinge! Seine Freunde sind sich einig, dass Roland schon ein paar Tage nach Mams Tod wieder auf die Pirsch ging. Die Rast war von kurzer Dauer gewesen. Ein Journalist erinnert sich, ihn Ende 1977 des Nachts in Saint-Germain-des-Prés getroffen zu haben. Gewöhnlich drehten sich ihre Gespräche über das intellektuelle Zeitgeschehen. An diesem Abend stellt ihm der Meister, verstört, nur eine Frage: »Sie haben nicht zufällig Abdou gesehen?« Angesichts der bestürzten Verneinung des Journalisten macht er sich wieder auf seinen Weg, wie ein Schlafwandler ...

Nach dem Tod von Mam hat er keineswegs sein Coming-out. Was ihn davon abhielt, »rumzumachen«, war nicht bloß die Absicht, Mam nicht schockieren zu wollen, sondern auch seine Abscheu lautstarken Auftretens, sein Widerstreben, ein Exempel zu statuieren: »Alles, was ich hasse, militant«, notiert er am Rand einer Jugendschrift über das Theater, die man ihm nahelegt, wieder zu veröffentlichen. Dennoch geht er ohne Komplexe offen mit seiner Homosexualität um. Manchmal auch ziemlich brüsk. So konnte er einem Freund, mit dem er sich auf ein Glas im Flore getroffen hatte, sagen: »Heute Abend esse ich mit einem Stricher.«

Ihn ergreift eine regelrechte sexuelle Raserei. Endlich frei! Was auch immer er sagen mag, die Gegenwart von Mam hat ihm Zügel angelegt: Er hatte solche Sorgen, sie könne begreifen, was sie bereits wusste. Befreit, sucht er immer häufiger den »Strich« auf. Nebenbei versucht er stets auch, sich zu verlieben. In Hervé Guibert zum Beispiel: Der Meister vernarrt sich nur zu bereitwillig in junge Schwule, die gerade angesagt sind. Bei ihnen setzt er seinen ganzen Charme ein. Der Romanschriftsteller und Fotograf Guibert hatte Roland vergeblich darum gebeten, ihn zusammen mit Mam fotografieren zu dürfen, obwohl sie krank war: »Das damals einzig mögliche Foto von B.«, wie er erklärte.

Die beiden Männer treffen sich nach dem Tod von Mam wieder. In seiner Verzweiflung wird der Meister zudringlich. Hervé weist ihn ab. Später wird er behaupten, Roland habe »verlangt«, mit ihm zu schlafen, als Gegenleistung für ein Vorwort, um dass er ihn gebeten hätte. »Verlangt«, das Wort ist zweifellos zu stark, das war nicht die Art des Meisters. Vorgeschlagen vielleicht ... Nach diesem Vorfall schreibt Hervé dem Meister, um ihm zu erklären, warum keinerlei Beziehung zwischen ihnen je in Betracht gezogen werden kann. »Der zweite Brief ist bösartig«, beklagt sich Roland im Antwortbrief. »Er will verletzen. Er sagt dem anderen, dass sein Körper nicht begehrenswert ist. Das auszusprechen ist bösartig, nicht der Gedanke an sich.« Immer wieder diese kategorische Forderung, nicht mit Worten konfrontiert zu werden, die verstimmen. Er fügt hinzu, verzweifelt klar: »Denn was den abstoßenden Charakter meines Körpers angeht, wer ist da wohl fantasiebegabter als ich? Dass jemand bereit ist, mich zu berühren, grenzt für mich jedes Mal fast an ein Wunder.«

In seinen Anfang Dezember geschriebenen *Fragments pour H.* kaschiert der Meister sein Unglück in keiner Weise: »Indem er deutlich sichtbar seinen Körper von dem meinen entfernte, indem er nach hinten in den Raum zurückwich, indem er ihn eilig verließ, machte er mich zum Springer: Ich wollte ihn gerade anspringen, da brachte er sich in Sicherheit.« Roland verteidigt das Missverständnis, relativiert: »Ich wollte keineswegs ›meine Zunge auf seiner Haut‹, wohl aber ›meine Lippen auf seiner Hand‹«. Und Roland bedauert, dass Hervé nicht mehr für ihn übrig hat, als eine »etwas matte Höflichkeit, die ein Trauern ist, das beharrliche, nicht wieder gutzumachende Trauern um den Körper des anderen.«

Das Trauern hielt an. Das Jahr 1977 hatte mit Sang und Klang begonnen: Das Collège, die *Fragmente*, Cerisy ... Es endet im Kummer. Der unüberwindliche Kummer, den der Tod von Mam mit sich gebracht hat. Der unerträgliche Kummer, in einem alternden Körper zu stecken, der die Böcklein abstößt. Im Frühling war er noch ein erfolgreicher Sohn gewesen. Jetzt, im Winter, ist er nur noch ein alternder Schwuler.

9 Ein anschmiegsamer Schwuler

Er hatte nicht den passenden Körper für seine sexuelle Orientierung. Als Heterosexueller hätte Roland womöglich größeren Erfolg gehabt, selbst in fortgeschrittenem Alter. Wohlklingende Stimme, graue Schläfen, sich seiner Ausstrahlung bewusst, so gefiel er Damen reiferen Alters. Eine von ihnen, Produzentin bei France Musique, bietet an, ihn unter ihre Fittiche zu nehmen. Sie spürt, er fühlt sich verloren, und ist bereit, Mam zu ersetzen. Ihr Drängen beunruhigt Roland dermaßen, dass er einen Freund bittet, ihn zu begleiten, jedes Mal, wenn sie ihn zum Abendessen einlädt. Er teilt mit dieser Dame die Liebe zu Schumann, doch deshalb gleich ein gemeinsames Leben führen ... Sein einziger Leitstern bleibt bis zum Schluss Mam.

Viele Schwule mögen die Gesellschaft von Frauen. Der Meister täuscht sich aber nicht. Im Grunde lassen sie ihn kalt. Mit Ausnahme von Mam bräuchten sie nicht zu existieren. »Er hatte so wenig Interesse an Frauen, dass er sie nicht voneinander unterscheiden konnte, ähnlich wie gewisse Leute versichern, dass alle Schwarzen sich ähneln«, erklärt eine seiner Studentinnen schelmisch. Eine einzige Frau, so beteuert er eines Tages, hätte ihn dazu bringen können, seine sexuelle Orientierung zu ändern: Julia Kristeva. Das war eine reine petitio principii: Niemals hätte er versucht, die Lebensgefährtin von Sollers zu verführen. Den Freund vielleicht ...

Seine Äußerungen streifen manchmal die Misogynie: So ließ er nicht zu, dass Mütter andere Wünsche haben als den Kinderwunsch. Nach Mams Tod hat er Zeit, zur Teestunde auszugehen. Von Zeit zu Zeit nimmt er ihn bei Marie-France Pisier in der Nachbarschaft zu sich: Auch sie wohnt in der Rue Servandoni. Die Schauspielerin erinnert sich, dass Roland nie mit leeren Händen kam. Oft brachte er in Bayonne gekauftes Teegebäck mit, das ihn an seine Kindheit erinnerte. Und besonders gut hat sie noch jene Äußerungen in Erinnerung, die ihn zu jener Zeit, als dem »zweiten Geschlecht« endlich ein Anrecht auf die Lust zugestanden wurde, erstarren ließen: »Ich habe zu viel Hochachtung vor den Frauen, um glauben zu können, dass sie das mögen.« Mam hatte auf »das« verzichtet, um sein Weltbild nicht zu erschüttern. Alle Frauen mussten sie zum Vorbild nehmen.

Er bevorzugte also Männer. Doch dabei erwies ihm sein Äußeres einen schlechten Dienst. »Die Homosexualität ist ein Markt der Körper«, betont Youssef. Nun war Roland mit einem hartnäckigen Embonpoint behaftet. Zwar gefällt diese Art von Pölsterchen den Damen, den Jungs jedoch eher weniger. Schlimmer noch: Sein Gesicht war zugleich geprägt von einem gewissen Adel und einer unleugbaren Schlaffheit. Sein Blick war tiefgründig, ja, durchdringend, aber seine Wangen und das Kinn waren gleichsam eingesunken à la Louis XVI. Auch sein Gesicht neigte zur Fülligkeit.

»Er löste überhaupt nichts Sexuelles aus«, versichert ein Schwuler, dem er oft im Palace über den Weg gelaufen ist. »Foucault mit seinen rasierten Schädel war viel erregender.« Selbst auf diesem Gebiet übertraf Foucault den Meister. Die Eingeständnisse seiner jungen schwulen Freunde gehen in dieselbe Richtung: Roland war nicht wirklich begehrenswert, nein, wirklich nicht begehrenswert. Und das wurde mit dem Alter auch nicht unbedingt besser ...

Er versuchte abzunehmen. Die Diät, die er gerade machte oder plante, um seinen jugendlichen Körper wiederzuerlangen, war eines seiner bevorzugten Gesprächsthemen. Denn vor seinen Lungenproblemen war er schlank gewesen. Der Meister gestand, ihn fasziniere die Publikation eines amerikanischen Diätarztes, der vorschrieb, täglich ein Steak zu essen, das genau so dick sei wie das Buch. Er hat sogar darüber nachgedacht, über dieses Thema zu schreiben: »Es müsste ein Buch gemacht werden über sämtliche Probleme mit dem Abnehmen. Nicht so sehr über die Rezepte zum Abnehmen, davon gibt es viele, sondern über seine Mythologie. Es handelt sich um ein religiöses Phänomen. Sich einer Diät zu unterziehen, hat alle Merkmale der Konversion.«

Sie war Teil seines Charmes: seine Fähigkeit, ebenso gut über Proust oder Michelet dozieren zu können wie über die Tour de France oder Schlankheitskuren. Ein Journalist, der sich mit ihm über sein Verhältnis zum Kino unterhalten wollte, war erstaunt, ihn eine Stunde lang Lobpreisungen über das Schlanksein und die Mittel dazu machen zu hören. Unmöglich, ein anderes Thema anzusprechen. Wahrhaft verblüfft war er jedoch, als er den Meister nach Ende ihres Gesprächs in die Küche gehen, den Kühlschrank öffnen und ein großes Stück Käse verschlingen sah. Es war leichter, Theorien zu verfechten, als sie in die Praxis umzusetzen.

Roland war sich keiner Schuld bewusst: »In der modernen Welt existiert eine soziale Dialektik, die eine Diät unmöglich macht. Wenn man mit jemandem isst, ist man sofort dem Blick des anderen ausgeliefert, der einen davon abhält, sich an seine Diät zu halten.« Dem »anderen« wurde zu viel aufgebürdet, denn dieses Schleckermaul war schlichtweg nicht imstande, Gaumenfreuden zu widerstehen.

Mit seinem hartnäckigen Embonpoint und seinen chronischen Hustenanfällen, jagt er jeden Abend Abdou (oder dessen Vertreter) nach, wobei es ihm hilft, in Saint-Germain-des-Prés zu leben, denn zu dieser Zeit hat das schwule Paris noch nicht die Seine überquert, um im Marais Quartier zu nehmen.

Der Meister ist Stammgast im Café de Flore: Die Gigolos vertreten sich gegenüber die Füße, vor der Drugstore Saint-Germain. Weiter hinten, in der Rue Bernard-Palissy, befindet sich eine winzige Schwulenbar, das Fiacre, wo er gern noch ein letztes Glas trinkt, bevor er nach Hause geht. An der Ecke zur Rue de Dragon macht das erste schwule Pornokino der Hauptstadt auf. Der Meister frequentiert es regelmäßig.

Heißt das, er war einer jener hemmungslosen Schwulen mit zahllosen Partnern? Seine nächtlichen Streifzüge könnten das denken lassen. Gleichzeitig passt das nicht recht zu seiner Neigung, auf der Suche nach der blauen Blume zu sein, was insbesondere in den *Fragmenten einer Sprache der Liebe* zum Ausdruck kommt. War er gespalten? Anhänger der höfischen Liebe mit ihren unmöglichen Vernarrtheiten, aber auch der handfesten Liebe mit Strichern? Die Aussagen stimmen überein: Der Meister war ein »Schmuser«, sowohl was seine Vernarrtheiten angeht als auch bei seinen Strichern. Einer seiner Begleiter versichert: »Er hat niemals mit einem Partner Analverkehr praktiziert, weder im einen noch im anderen Sinn. Ihm wäre das wie Inzest vorgekommen.«

Mam betrügen, niemals! Dieser Hang zum »Streicheln« hat ihm den Spitznamen »Mamie« eingetragen, mit dem ihn die Houëlianer bedachten. »Er war nicht auf Sex aus«, betont einer von ihnen. Auch wenn er fast jeden Abend auf die Pirsch ging. »Er hat sich nur mit Fellatio und Masturbation abgegeben«, sagt abschließend ein mutmaßlicher Liebhaber kategorisch.

Ein dritter Zeitzeuge meldet sich zu Wort und bestätigt seinerseits Rolands Umsichtigkeit: »Er wollte nicht Gefahr laufen, wie Foucault zu sterben«, einem der Ersten, die von Aids dahingerafft wurden, kurze Zeit nach dem Tod des Meisters. Gewiss ist, dass der Meister kein Anhänger sadomasochistischer Beziehungen war, wie sie unter Schwulen häufiger vorkommen. Das war ein Streitpunkt mit François, dem Freund und

Verleger, der diese Form der Enthaltsamkeit als Zeichen einer anderen Blockade wertete.

In Wahrheit hatte dieses alte Kind eine kindliche Sexualität: Er hatte ein Problem »damit«. Sicherlich war auch Mam das nicht ganz unbekannt. Nach ihrem Tod, versuchte er die verlorene Zeit wiedereinzuholen. »Er ist viel zu spät schlafen gegangen«, lässt ein Vertrauter einfließen. Er fängt sogar an, die Böcklein in der Rue Servandoni zu empfangen. Der Meister wird gehört haben, dass man über 60 sein müsse, um die Liebe zu Hause zu praktizieren. Die zärtliche Liebe, wohlgemerkt. Eines Nachmittags ruft Roland Romaric an, der damals halb offiziell als sein Freund gilt, um ihn zum Abendessen einzuladen. Ein Zuhörer, der gerade in der Wohnung zugegen ist, merkt an der Länge des Gesprächs, dass der junge Mann sich bitten lässt. Um ihn davon zu überzeugen, ihn treffen zu müssen, spielt der Meister, so kommt es dem Ohrenzeugen zumindest vor, eine Trumpfkarte aus: »Wenn wir uns langweilen, machen wir Schiffchen!«

Verwirrt verlässt der Zuhörer die Rue Servandoni. Was mag sich hinter dieser mysteriösen Wendung nur verbergen? Einige Zeit später wird es ihm klar. »Schiffchen machen« heißt für den Meister, mit einem Jungen Seite an Seite ausgestreckt auf dem Bett fernzusehen. Mit einem Stricher wie Abdou macht er etwas mehr als nur Schiffchen. Mit einem Böcklein wie Romaric gibt er sich damit zufrieden: Nachdem seine Mutter dahingegangen ist, treibt er ziellos auf dem Meer seines Bettes dahin …

10 »Ein Reifen, der Luft verliert«

Februar 1978. Rückkehr ans Collège zum zweiten Jahr. Thema der Vorlesung: »Das Neutrum«. Zwischen dem Maskulinum und dem Femininum hofft der Meister einen Raum zu definieren, der der seine sein könnte ... Aber kann er vor seinen Hörern so tun, als ob sein Leben gerade nicht zuschanden geht? Es ist ihm stets unmöglich gewesen, seinen Überdruss für sich zu behalten. Auch sein Elend versucht er erst gar nicht zu verbergen. Gleich am ersten Tag gesteht er: »Seit der Zeit, in der ich mich im vergangenen Mai für das Thema dieser Vorlesung entschieden habe, und der, an der ich sie vorbereiten musste, trat ein ernstes Ereignis ein, ein Trauerfall. Das Subjekt, das über das Neutrum sprechen wird, ist nicht mehr dasselbe wie dasjenige, das beschlossen hatte, darüber zu sprechen.«

Er erklärt es in der ihm eigenen Sprache: »Nicht zu unterstützen heißt, den Einzelnen zu verdrängen. Ich gehöre einer Generation an, die zu viel gelitten hat unter der Zensur des Subjekts.« Er hat die Studentenproteste im Mai 68 nicht gemocht. Aber letzten Endes stimmt er der Botschaft der »Zornigen« zu: »Die Revolution bin ich.« Um den Zustand, in dem er sich befindet, zu beschreiben, zitiert er Gide: Er habe das Gefühl, er sei »ein Reifen, der Luft verliert«. Und er beklagt sich über »die Art, in der die Gesellschaft die Trauerzeit codiert. Nach einigen Wochen wird die Gesellschaft ihre Rechte wieder anmelden, die Trauer nicht mehr als Ausnahmezustand gelten lassen, egal ob Sie die Trauer viel länger durcheinanderbringt, als der Code es zulässt.«

Der Tod von Mam hat ihn durcheinandergebracht. Für lange Zeit. Für immer. Er nimmt es übel auf, dass seine Freunde, nach dem Vorbild der Gesellschaft, es für an der Zeit halten, eine neue Seite aufzuschlagen. Dazu fühlt er sich außerstande. »Ich habe Kummer«, wiederholt er Nahestehenden. »Er bedauerte, nicht dauerhaft ein Zeichen der Trauer tragen zu können, das den anderen auf den ersten Blick seinen Zustand angezeigt und ihn geschützt hätte«, betont Jean-Louis. In angelsächsischen Ländern hängt man sich »Just married« an die Autos. »Just orphaned« hätte Roland verkündigen können. »Er hätte sich vielleicht einige Monate in Urt aufhalten sollen«, fährt Jean-Louis fort, um diesen unnachgiebigen Schmerz auszusitzen ... Vor seiner Hörerschaft im Collège beklagt der Meister, dass »das Recht auf Trauer sehr eingeschränkt« sei und legt nahe, dass man »in den sozialen Forderungen« einen »Abschied von der Trauer« verlange, ähnlich wie den Abschied vom Dicksein ...

Es braucht noch eine bestimmte Zeit, bis Roland sich wieder auf das Gebiet Barthes vorwagt. »Die letzten fünf Jahre sprach er nur noch über sich«, merkt ein Professorenkollege an. Das »Subjekt« hat nicht erst seit dem Tod von Mam dem »Objekt« keine Konkurrenz mehr gemacht; sie bildeten bereits vorher eine Einheit. Mit der Antrittsvorlesung hatte der Meister angekündigt, dass »die Vorlesung jedes Jahr von einer persönlichen Fantasie herrühren würde«. Bereits vor dem Tod von Mam – sie war ihm allerdings schon geweiht – hatte der Meister vom Katheder herab seine »schreckliche Verzweiflung« beschworen. Sich trotz allem treu bleibend hatte er eine aus dem Griechischen abstammende Vokabel, nämlich die Akedia, folgendermaßen umschrieben: »Zustand der Depression, Halbdunkel der Seele, Überdruss, Traurigkeit, Melancholie, Entmutigung«.

Bereits zu Zeiten höchsten Ruhmes hatte er eingestanden, er fände seine geistige Arbeit »monoton, ohne Ende, mühselig und zwecklos«. Bereits da hatte er versichert, genug von »seiner Art zu leben« zu haben:»Ich kann morgens aufwachen und das Wochenprogramm vor mir sehen, ohne jegliche Hoffnung. Das wiederholt sich, das dreht sich im Kreis, dieselben Aufgaben, dieselben Verabredungen, und doch kein Ertrag, auch wenn jeder Teil dieses Programms für sich genommen erträglich ist, ja sogar angenehm.«

Seine vorangegangene Vorlesung über das »Zusammenleben« war indessen noch ganz Barthes: lange unverständliche Abschnitte mit vereinzelten, glänzenden Goldklümpchen. Mit »Das Neutrum« setzt sich das »Subjekt« durch: »Wir befinden uns ganz exakt in einer Phase der heilsamen Dekonstruktion des intellektuellen Auftrags«, verkündet er. Die Hörerschaft ist fassungslos. Man strömt in das Collège de France, um Barthes zu sehen und zu hören, wie er Barthes gibt, und hat Teil an der Machtübernahme durch Roland. Das »Subjekt« ist sich des Unbehagens im Saal angesichts eines »Objekts«, das sich zergliedert, bewusst. Eingangs einer Sitzung in diesem Frühjahr 1978 liest er das »am Gare Montparnasse aufgegebene und mit grünem Kugelschreiber geschriebene« Briefchen eines Studenten vor: »Wenn dem so ist, können Sie sich nur zur Ruhe setzen und uns in Frieden lassen!« Man hätte das »Subjekt« kaum deutlicher des Altersschwachsinns beschuldigen können. Der Sinn der Botschaft ist klar: Wenn Sie nicht mehr in der Lage sind, Ihrem Rang als Meisterdenker zu entsprechen, lassen Sie es bleiben! Gehen Sie und weinen Sie am Grab ihrer Mutter!

Dennoch blieb ihm der Erfolg treu. Angesichts des Zustroms von Hörern, der Aufschluss gibt über »die intellektuelle Schwärmerei, die Neugier der Gesellschaft oder die modischen Phänomene«, so der Veranstalter der Vorlesungen, beschließt das Collège, einen angrenzenden Raum mit Lautsprechern zu versehen, um die Aussagen des Meister direkt übertragen zu können. Eine weitere Maßnahme gegen die Überfüllung: Die

Vorlesung wird von Mittwoch auf den Samstagmorgen verlegt. Am Wochenende mag man auf andere Dinge Lust haben, als einem Meister dabei zuzuhören, Prophezeiungen zu machen ... Vergebliche Mühe. Das Collège ist immer voll.

Warum seine Hörer »in Frieden lassen«, wenn sie trotz allem zu ihm gehalten haben? Also fährt Roland fort, Mam zu beschwören. So kommt es auch zu diesem erschütternden Geständnis: »Es interessiert mich wenig zu wissen, ob Gott existiert oder nicht, aber ich weiß und werde es bis zum Schluss wissen, dass er nicht zugleich die Liebe und den Tod hätte schaffen sollen. Das Neutrum ist das unbeugsame Nein.« Hier wird das »Neutrum« mit dem Angedenken an Mam vermischt.

In Wahrheit ist sie allem beigegeben. An einem anderen Samstag weist er die »Aggression durch das Adjektiv« anhand einer qualitativen Definition nach: »Ist die Mutter nicht die Einzige, die das Kind nicht abschätzt, es nicht einer Bilanz unterzieht?« Mam hat ihn immer so geliebt, wie er ist ... Ein anderes Mal ruft er aus: »Ich werde Ihnen sagen, wo die Anmaßung beginnt: Wenn man jemanden zum Essen zwingt, der keinen Hunger hat. Wie schmerzt die Erinnerung an die Leiden meiner kranken Mutter, die sich zwingen musste zu essen, obwohl sie keinen Hunger hatte.«

Mam ist überall. Er denkt ganz bestimmt an ihr Paarsein, als er Baudelaire zitiert: »Männer, die von den Frauen und unter Frauen erzogen wurden, gleichen nicht völlig den anderen Männern [...]. Der Mann, der von Anfang an in der weichlichen Atmosphäre des Weibes gebadet worden ist im Dufte seiner Hände, seines Busens, seines Schoßes, seines Haares, seiner schmeidigen, fließenden Gewande, [...] hat daher eine Feinheit der Epidermis und einen vornehmen Wesensausdruck, eine Art von Androgyneität«.

Der Einbruch des »Subjekts« in die Vorlesung beschränkt sich nicht auf die leidenschaftliche Erinnerung an Mam. Der

Meister nimmt sich die Freiheit, das Zeitgeschehen zu kommentieren. Im vorangegangenen Frühjahr waren die Neuen Philosophen in der Gelehrtenwelt aufgetaucht, Bernard-Henri Lévy, Glucksmann & Co., die die Willfährigkeit ihrer Vorgänger dem Totalitarismus gegenüber anprangern. Der Ruf des Meisters als tonangebend steht auf dem Spiel. Er gibt Bernard-Henri Lévy seinen Segen, der ihn anlässlich seiner Antrittsvorlesung für den *Nouvel Observateur* interviewt hatte.

Handelt es sich um eine wirkliche Unterstützung oder einfach nur um einen »taktischen Schachzug«, wie es, wie er freimütig zugibt, seiner Gewohnheit entsprach? Seine Freunde tendierten zu einer dritten Ansicht: Vertrauensmissbrauch. Ebenso kritisch gegenüber Bernard-Henri Lévy eingestellt wie gegenüber Sollers, prangern sie die öffentliche Ausschlachtung einer Privatkorrespondenz an: Der Meister habe sich damit begnügt, Bernard-Henri Lévy einen Brief zu schicken, in dem er ihn wissen lasse, sein Buch sei »verfasst«. Eine minimale schriftliche Anerkennung. Dennoch wird sein Brief umgehend in den *Nouvelles littéraires* abgedruckt. Mit oder ohne grünes Licht seines Verfassers? Bernard-Henri Lévy versichert, sich an die Spielregeln gehalten zu haben: »Ich hätte den Brief nicht ohne seine Zustimmung weitergeleitet.« Die Wirkung tritt unmittelbar ein: Der Meister sieht sich unter die Schirmherren der Neuen Philosophen eingereiht. Einige seiner Freunde nehmen daran Anstoß, besonders jene, die von den jungen Bilderstürmern ins Visier genommen werden.

Ganz besonders Deleuze. Der Meister und der Lobsänger der Antiphilosophie teilen die Liebe zu Schumann. Éric erinnert sich: »Roland ist von Deleuze zum Mittagessen einbestellt worden. Dort angekommen hat er sich mit einer Art Politbüro konfrontiert gesehen, das ihn aufgefordert hat, sich zu rechtfertigen.« Der Meister zieht sich aus der Affäre, indem er zwei Argumente vorbringt. Erst einmal müsse man mit dem »antimedialen Puritanismus« aufhören: Er selbst sei, wie Bernard-Henri Lévy, in den *Apostrophes* aufgetreten, und so wenig wie Lévy zögere er, die Literaturkritiker zu verhätscheln. Dann, so Éric, habe er gemeint, dass »sich die Kritik des Marxismus nicht mehr zum Gegenstand irgendeines Tabus machen dürfe«.

Im Collège de France kommt er auf diesen Streit zu sprechen und bekundet Sympathie für die Neuen Philosophen, was auch immer seine Freunde davon halten mögen: »Nur schwer zu ertragen ist die Gier der Meute, die Hatz auf sie: eindringliche Proteste, um sich von ihnen abzugrenzen, um nicht kontaminiert zu werden, ›einer von ihnen zu sein‹.« Er fügt hinzu: »Einer von ihnen sein: Tabu der Homosexualität.« Was für ein widersprüchlicher Meister! Zwar gesteht er seine Homosexualität immer noch nicht offen ein, suggeriert jedoch, dass er im vorliegenden Fall als Schwuler reagiert und einen seiner wenigen heterosexuellen Freunde in deren Namen verteidigt ... Robbe-Grillet hatte wohl nicht Unrecht, sein »Duckmäusertum« zu betonen.

Auf dem Katheder gesteht sich das »Subjekt« jede Freiheit zu und zögert nicht, sein ... portrait chinois nach dem gleichnamigen Gesellschaftsspiel zu entwerfen! Wenn dem so ist, ließe sich mit der gütigen Erlaubnis des Verfassers des mit grünem Kugelschreiber geschriebenen Briefchens sagen ... Was für ein Sportler wäre er? Er strapaziert die Vorstellungskraft ziemlich. Er weiß sich zu helfen, indem er einmal mehr Gide zitiert: »Ich bin wie ein Schlittschuhläufer auf dünnem Eis«. Was für ein Nahrungsmittel wäre er? Reis. »Weder ohne Geschmack, noch schmackhaft, weder farbig, noch farblos.« Was für ein Tier wäre er? Ein Esel! Diesmal zitiert er Léon Bloy: »Der unendlich traurige und weiche Samt der Eselsaugen«. Das Selbstbildnis lässt keinen Hochmut entstehen. Auch keine überbordende Zuversicht. Dieser verehrte Meister ist bloß ein schlittschuhlaufender Esel auf schmelzendem Eis.

»Lebhafte Bewusstheit, unvereinbar mit meinem Benommensein«, äußert er an einem anderen Samstag. Ist es verwunderlich, dass der Enttäuschung einer Reihe von Hörern das Gerücht auf dem Fuße folgt? Diese Vorlesung ist keine: Er versinkt ins Psychologisieren. Diese Weissagungen sind eines Meisterdenkers nicht würdig. Ausgangspunkt und Angriffsfläche ist für ihn eine »männlich-chauvinistische Zivilisation«, in der jeder »Wert« darauf legen würde, »seine Angst nicht zu zeigen. Ich selbst zeige meine Furcht nicht: Ich wirke ruhig«. Bloße Maskierung! Er zitiert Hobbes: »Die einzige Passion meines Lebens war die Angst.« Er ist entschlossen, nichts mehr zu verändern. Einfach deshalb, weil er dazu nicht in der Lage ist. »Vielleicht impliziert die hartnäckige Fantasie des zu schreibenden Romans dies: da nun ohne Panzer, Lust auf einen Ort, wo dieses Pathos aufhört, heimlich zu sein.«

Auch auf die Gefahr hin, als anstößig empfunden zu werden, hat er vor, sich nackt zu präsentieren. Er ist nur mehr ein von Senilität bedrohtes Waisenkind: »Das Problem ist nicht das Altern, sondern im Alter am Leben zu bleiben.« Er ist nicht mehr besonders munter, als es für ihn anbricht.

11 Marokkanischer Geistesblitz

Marokko! Wenn Roland ein fremdes Land geliebt hat, dann dieses. Besonders, weil er dort seine Sexualität ungehemmt ausleben konnte. Dort wies man ihn nicht jedes Mal ab, nur weil sein Körper nicht begehrenswert war. Es gibt nur noch ein weiteres Land, wo er in sexueller Hinsicht genauso selig war: Japan. Ebenso wie in Marokko spürte er dort nicht die unsichtbare Grenze zwischen jung und alt, die ihn in Frankreich verzweifeln ließ. Im Gegensatz dazu, hat er China, das er Mitte der 1970er-Jahre zusammen mit einer Gruppe Intellektueller bereist hatte, nur wenig geschätzt. »Aber was machen die bloß mit ihrer Sexualität?«, beklagte er sich in Pekings Straßen. Als er zum Rückflug in das Flugzeug stieg, beugte er sich zum Ohr seines Freunds und Verlegers François herab und flüsterte: »Uff!« Da er ausschließlich die französische Sprache liebte, die Muttersprache, zogen den Meister fremde Literaturen nur wenig an und er bewertete andere Länder nach seinen libidinösen Erlebnissen.

Ist er in Marokko so weit gegangen, sich der Pädophilie hinzugeben, wie andere Berühmtheiten vor ihm? Roland trat immer gern in die Fußstapfen Gides, den er im Sanatorium ausgiebig gelesen hatte, und der wie er Protestant war. Zweifellos waren die marokkanischen Jünglinge, mit denen er es in Tanger oder anderswo zu tun hatte, jünger als ihre Pariser Gegenstücke. Seine Freunde versichern, dass er bei seiner Suche für Heranwachsende schwärmen konnte, für Kinder jedoch nie.

Er hat Marokko in jeder Hinsicht durchforscht, überall fand er Material, um seine Sinne zu beleben. Eines Tages zeigt er einem Kollegen ein Foto von einem Kamel, das er im Süden, in Goulimine aufgenommen hat. »Es ist ein bisschen unscharf«, klagt sein Gesprächspartner. »Um die Wahrheit zu sagen, ich war vor allem von dem Kameltreiber entzückt«, sagt Roland lächelnd. Marokko hat er Anfang der 1970er-Jahre sogar zusammen mit Mam aufgesucht, um den Gärungen nach 1968 zu entfliehen. Trotz der Anwesenheit Mams ging er auf die Pirsch nach Böcklein. Es besteht kein Grund, in Rabat seine Gewohnheiten zu ändern: ganze Straßen sind voller Abdous.

Alle seine geheimen Wege sind bekannt, da er einige Wochen lang ein Tagebuch geführt hat, in dem es nur um Sex geht: Um es noch einmal zu sagen, für ihn war ein fremdes Land in erster Linie ein neuer Garten, in dem man sich tummeln konnte. *Driss, Mustafa und die anderen*, so könnte dieses Tagebuch heißen. In immer wieder kurzen Eintragungen lässt der Meister seine Eroberungen Revue passieren. »Driss weiß nicht, dass die Wichse Wichse heißt; er nennt sie Scheiße. ›Obacht, die Scheiße kommt gleich.‹ Nichts könnte verstörender sein.« »Mustafa ist in seine Mütze verliebt. ›Ich liebe meine Mütze.‹ Er will sie zum Liebemachen nicht ablegen.« »Abdelatif, überaus ausschweifend, verteidigt entschieden die Hinrichtungen am Galgen in Bagdad«, erstes Anzeichen für den blutdürstigen Wahnsinn Saddam Husseins. »Widerspruch zwischen der Brutalität dieser Idiotie und der Verfügbarkeit seiner Hände, die ich, völlig verblödet, weiter halte und streichele, während er sein rachedürstendes Glaubensbekenntnis herunterleiert.«

Im Frühjahr 1978 entdeckt Roland in den Osterferien Casablanca wieder. Am 15. April ist der Nachmittag drückend heiß, der Himmel bedeckt. Mit Freunden begibt er sich mit dem Auto nach Cascade, einem grünen Tal an der Straße nach Rabat. Einige Monate später wird er berichten: »Traurigkeit, eine gewisse Niedergeschlagenheit, ununterbrochen dasselbe seit einem kürzlich erlittenen Trauerfall, sie beeinflusst alles, was ich tue.« Zweifellos hoffte er, mit der Rückkehr in sein geliebtes Marokko die Melancholie zu durchbrechen, die ihn seit dem Tod von Mam umfangen hielt. Die Erinnerung an sie verfolgt ihn bis in den Schlaf: »Ich träume oft von ihr, ich träume nur von ihr.«

Die Rückkehr nach Casablanca belastet ihn noch ein wenig stärker. »Leere Wohnung, dieser schwierige Moment: der Nachmittag.« Er hat immer »schwierige« Nachmittage gehabt. Morgens arbeitete er, manchmal sogar mit Wonne: Nichts entzückte ihn mehr als eine »gute Feder«. Abends traf er Freunde zu »Liebesmahlen«, bevor er auf die Pirsch ging. Nachmittags hatte er oft nichts mit sich anzufangen gewusst. Nun weiß er es immer weniger. »Allein, traurig, Marinade.«

Sein Freund in Urt, Dr. L., erinnert sich, dass er diese Formulierung nach dem Tod von Mam andauernd im Munde führte. »Wie geht es Ihnen? – Ich mariniere.« Der Meister hat in der Zeitschrift *Le Monde* diese »Art von schmerzlicher Trägheit« beschrieben: »Ich beziehe mich dabei auf Flaubert, der sie ›die Marinade‹ nennt. Das heißt, dass man sich für einen Moment auf das Bett wirft und ›mariniert‹. Man tut nichts, die Gedanken kreisen, man ist ein wenig deprimiert ... Ich ›mariniere‹ jetzt häufig, sehr häufig.«

Mit Romaric macht er »Schiffchen«. Allein »mariniert« er. Belegen diese aquatischen Metaphern, wie sehr ihm das Fruchtwasser fehlt? Glücklicherweise schöpft er für gewöhnlich immer wieder Mut. In Casablanca in der leeren Wohnung kommt plötzlich »eine Idee zur Reife«: »So etwas wie eine literarische Konversion. In die Literatur eintreten, ins Schreiben, schreiben, als hätte ich es nie getan, nichts anderes tun als das.« Bereits seit einiger Zeit spielt er mit dem Gedanken an einen Roman. Diesmal wird er »den Schritt wagen«, wird alles andere aufgeben. In Casablanca bekommt er Lust, »das Collège zu verlassen, denn die Vorlesung gerät zu oft in Konflikt mit dem Leben.« So sehr er auch in der École des hautes études glücklich gewesen ist, so sehr beklagt er sich über das Collège de France: immer wieder diese Unfähigkeit, größer zu werden. Selbst das Viertel, in dem das Collège liegt, ist ihm unerträglich. Wenn ihn ein Freund nach Ende seiner Vorlesung aufsucht, führt er ihn zum Mittagessen nach Saint-Germain. In Saint-Michel, versichert er allen Ernstes, »gibt es keine Restaurants.«

Aber Roland ist nicht der Mann für einen Bruch. Das Collège aufgeben hieße, ein Versagen einzugestehen. In Casablanca hat er eine bessere Idee: »Die Vorlesung und die Arbeit demselben Vorhaben widmen.« Er wird die Vorlesung in den Dienst seines Ziels stellen: den Eintritt in die Literatur. 1979 und 1980, im Verlauf zweier Jahre, den letzten beiden seines Lebens, wird seine Vorlesung den folgenden Titel haben: »Die Vorbereitung des Romans«.

Natürlich überträgt er diese Idee in seine eigene Sprache: Es geht darum, »die Spaltung des Subjekts zu beenden, zugunsten eines einzigen Projekts, des Großen Werks.« Indem er seinen marokkanischen Geistesblitz verkündet, wird er jedoch immer lesbarer: »freudige Vorstellung, wenn ich mich einer einzigartigen Aufgabe widme, sodass ich nicht mehr der zu erledigenden Arbeit hinterherhecheln muss (Vorlesungen, Anfragen, Aufträge, Zwänge), sondern jeder Augenblick meines Lebens fortan in das Große Werk integrierte Arbeit wäre.« Er schließt, plötzlich von der Begeisterung mitgerissen: »Dieser 15. April, eine Art von Satori, ein Aufblitzen.«

Wie kann man ein niederschmetterndes Ereignis, den Tod von Mam, zur Quelle einer Erneuerung machen? Die Antwort darauf glaubt er in Casablanca gefunden zu haben. Er wird sich in ein neues Leben stürzen, wird mit seinem üblichen Trott brechen. Der Plan des Romans, den er schreiben wird, bekommt daher den Titel »Vita nova«. »Denn wer das Vergnügen zu schreiben bereits erfahren hat, der kann nur durch die

Entdeckung einer neuen Schreibpraxis eine vita nova haben«,
erklärt er vom Katheder herab.

Dieser »Beschluss vom 15. April« entzückt ihm umso mehr,
da ihn seine neue Bekanntheit ebenso bedrückt wie die Auf-
tritte, die er dem Collège noch zu schulden meint. Wenn sie
ihm nur einen deutlichen finanziellen Wohlstand brächte,
klagt er seinen Freunden gegenüber. Doch diese Bekanntheit
zieht vor allem neue Unannehmlichkeiten nach sich: Er wird
noch stärker beansprucht. Fortan spricht man ihn auf der
Straße an. François, der befreundete Verleger, erinnert sich an
ein Abendessen mit seinem Freund Sévéro und Roland im La
Route Mandarine, einem chinesischen Restaurant in Saint-
Germain-des-Prés, wo sie sich ganz ungezwungen fühlten.
Ein gelungenes Abendessen: Sévéro gehörte mit seiner Exzent-
rik zu den wenigen Menschen, denen es gelang, Roland auf-
zuheitern. Beim Gehen plaudern die drei vergnügt weiter, als
ein Unbekannter den Meister anspricht. François erinnert sich
an ein kurzes und höfliches Gespräch. Aber das ist mehr, als
Roland ertragen kann. Als er sich seinen Freunden wieder an-
schließt, macht er einen niedergeschlagenen Eindruck, spricht
von einem »verpfuschten Abend«, bekräftigt, nach Hause gehen zu wollen: Nicht mehr in Ruhe in seinem Viertel ausgehen
zu können, bekümmert ihn. Überall lauern die »Kletten«.

Der Erfolg der *Fragmente* erschien ihm letztes Endes zwiespältig. Anfangs war er geschmeichelt: Mehr als hunderttau-
send Exemplare waren verkauft worden. Aber bei näherer
Überlegung schien ihm diese Schwärmerei auf einem Missverständnis zu beruhen: Man hatte ihn für einen Unterhaltungs-
autor gehalten, für einen Spezialisten für Süßholzgeraspel. Bis
zu seinem Tod wird er zwischen zwei Haltungen schwanken:
seine wahre Leserschaft wiederzufinden, eine gelehrte Leserschaft, an die er sich seit Jahrzehnten mit spitzfindigen Werken wendet, wie zum Beispiel mit einem *Dictionnaire des in-*

tolérances, das er zusammen mit Sollers konzipiert hat, oder, im Gegensatz dazu, wie er mit Fanfarenstößen vom Katheder des Collège de France herab verkünden wird, zum Roman, ja, mehr noch, zum klassischen Roman überzugehen, auch auf die Gefahr hin, ein noch größeres Publikum zu erreichen als mit den *Fragmenten*.

12 La Marsa

Auf Marokko folgt Tunesien. Das Verhältnis des Meisters zu den beiden Ländern war grundverschieden: Marokko kannte er gut, Tunesien hat er dagegen erst gegen Ende seines Lebens aufgesucht, als sein ältester Freund, Philippe, den er im Lycée Montaigne kennengelernt hatte, dort Botschafter geworden war. Er hat sich ein erstes Mal vor dem Tod von Mam nach Tunesien begeben, zusammen mit Youssef, der Tunesier ist, Jean-Louis und André Téchiné: »Du musst verstehen, das ist meine Zweitfamilie«, hat er seinem Mitschüler erklärt.

Philippe wusste, wie er sich gegenüber Rolands Homosexualität zu verhalten hatte. Kurz nach dem Zweiten Weltkrieg in den diplomatischen Dienst eingetreten, hatte er, als er in Rumänien Dienst tat, Roland zum Bibliothekar des Institut français in Bukarest ernannt. Ein Bibliothekar der unter den frankophilen Rumänen Wunder gewirkt und zahlreiche Vorlesungen gehalten hatte, insbesondere über das französische Chanson von Yves Montand bis hin zu Édith Piaf. Ein Bibliothekar, der natürlich von Mam begleitet wurde, wenn auch nicht vom kleinen Bruder, der in die Armee eingetreten war. Ein Bibliothekar jedoch, der sich da bereits in nächtliche Abenteuer stürzte. »Ich hatte eine Heidenangst, dass Roland von der rumänischen Polizei verhaftet werden könnte«, erzählt Philippe.

Im Frühjahr 1978 brechen die beiden Freunde gemeinsam nach Tunesien auf. Philippe erinnert sich an eine Reise mit Hindernissen. »In Orly war das Flugzeug wegen eines Streiks noch nicht da. Wir mussten mehrere Stunden im Wartesaal ausharren.« Der Meister ist dem Botschafter ein Vorbild in Sachen Geduld. Wohl auch, weil er Flugreisen stets als unangenehm empfunden hat. »Flugzeug, das bedeutet, lange warten, unbeweglich sein, nicht reisen«, hat er in seinem chinesischen Reisebericht geschrieben. Einen ebenso schlechten Eindruck hat er von den Mahlzeiten an Bord:»Zum Abendessen, Kalbsbraten mit Sauce, ins Graue spielender, fettiger Reis, von dem unfehlbar zwei Körnchen auf meine neue Hosen fallen müssen.« Bei der Ankunft in Tunis herrscht auf dem Flughafen das größtmögliche Durcheinander: Der Koffer des Meisters, der mehrere Manuskripte enthält, ist unauffindbar. Philippe steht am Rande eines Nervenzusammenbruchs. Roland ist die Ruhe selbst:»Das ist ohne jede Bedeutung.«

Der Aufenthalt ist weniger turbulent. In Tunis hängt der Meister an zwei Orten ganz besonders: Erstens an La Marsa, wo sich die Residenz des Botschafters befindet, ein luxuriöses Gebäude umgeben von wunderbaren Gärten am Meer. Zweitens, und im Gegensatz zu dieser Pracht, an der Tunis-Goulette-Marsa, kurz TGM, der Straßenbahn, die Tunis mit dem Meer verbindet und ihn an die Straßenbahn seiner Kindheit zwischen Bayonne und Biarritz erinnert. »Er liebte es, die TGM zu nehmen«, erzählt Philippe. »Als er eines Tages zurückkam, sagte er mir: ›Du wirst es nicht glauben, ich bin in der TGM angemacht worden.‹« Endstation Sehnsucht.

Die beiden Freunde machen lange Spaziergänge in den Gärten der Botschaft. Der Meister entwickelt gelehrte Gedanken über die »Nichtigkeit des Erfolges«. »Bekannt wollte er nur seiner Mutter zuliebe werden«, versichert Philippe. »Er glaubte, es würde ihr Freude bereiten. Nun aber, wo sie nicht mehr da war, erschien ihm alles sinnlos.« Wie in Paris beklagt er sich über die »Kletten«, die ihm auf die Nerven gehen – auch am Telefon: »Er hat mir verkündet, er hätte verlangt, auf die Rote Liste gesetzt zu werden.«

In Casablanca, einige Wochen zuvor, hat er beschlossen, sich ganz dem Romanschreiben zu widmen. Aber sein Entschluss ist noch nicht sehr fest. In Tunis, seinem Freund gegenüber, spricht er eine andere Sprache: »Ich möchte nichts mehr schreiben, ich habe keine Ideen mehr. Ich möchte nur noch an der Universität arbeiten. Ich möchte keine für eine große Öffentlichkeit bestimmten Bücher mehr schreiben.«

»Um glücklich zu leben, muss man zurückgezogen leben«, besagt ein Sprichwort. Der Meister hat die Zurschaustellung – seinen Erfolg auf dem Buchmarkt, den Eintritt ins Collège de France – nur schwer ertragen. Nach Mams Tod hat er von einer Rückkehr zu der verlassenen Hütte geträumt. Er hatte es gemocht, von einer kleinen, vor Ehrfurcht erstarrten Schülergruppe umgegeben zu sein. Er hatte es überaus geliebt, ein von einer kleinen Anzahl gebildeter Leser entzifferter Essayist zu sein. Er verabscheut es, ein Star zu sein, den man auf dem Katheder wie eine Sehenswürdigkeit anstaunt, ein Autor von Bestsellern, von blind gehorsamen Käufern achtlos durchgeblättert. Der Preis, den er zu zahlen hat, ist zu hoch. »Er wollte geliebt werden, ganz sicher, aber ohne den Hass, der als Gegenreaktion auf eine Publikation folgt«, hat Sollers geschrieben.

In einem kürzlich erschienenen Buch hat einer seiner Schüler, Éric, ein Beispiel für diesen Hass angeführt, der dem Autor der *Fragmente* »heimtückisch« auflauerte. Die beiden Männer trinken in der Bar des Palais-Royal in aller Ruhe etwas, als ein etwa 50-jähriger Mann an sie herantritt und um ein Autogramm vom Meister bittet, der es bereits wenig schätzt, gestört zu werden. Der Unbekannte jedoch präsentiert das Blatt mit dem Schriftzug des Meister im Bistro und brüllt: »Ich habe einen Scheißdreck von Roland Barthes, ich habe einen Scheißdreck ...« Éric und ein Barmann müssen den Verrückten mit Gewalt hinauswerfen. Als er zurückkommt, findet Éric den Meister zusammengesackt in seinem Ledersessel vor.

Seine lange Freundschaft mit dem Botschafter belegt, dass er an seiner Jugend hängt. Roland hat den Kontakt zu seinem Mitschüler, mit dem er sich auf die École normale vorbereitet hatte, bevor er wegen seiner kranken Lungen davon Abstand nehmen musste, stets aufrechterhalten. Der Botschafter weiß alles über ihn. Selbstverständlich auch über seine Leidenschaft für Mam. Ebenso über seine komplexe Beziehung zu dem kleinen Bruder, den er um den tagtäglichen Vater gebracht hat, und der sich dafür, unbewusst, mit seinen zahlreichen Forderungen rächt: »Das war für Roland eine Belastung, nicht nur finanzieller Art.« Über die Bedrohung, die der Vater des kleinen Bruders dargestellt hat: »Ein Schreckgespenst.« Über seine Geldprobleme in der Jugend. »Er ist wirklich sehr arm gewesen.« Über seine Schriftstellerträume: Philippe ist seinem Freund Roland umso treuer, da er glaubt, dessen Geschick sei unvollendet geblieben.

Gegen Ende des Frühjahrs 1978 begibt sich der Meister nach England, um ... Schauspieler zu werden. Wie kam es dazu? André Téchiné, ein ständiger Gast in der Rue Nicolas-Houël, dreht *Die Schwestern Brontë*. An der Seite von Stars wie Isabelle Adjani, Isabelle Huppert und Marie-France Pisier sind andere Houëlianer Teil der Besetzung, zum Beispiel Youssef. Téchiné hat einen professionellen Schauspieler für die Rolle des Verlegers Eugene Thackeray gesucht, bevor er Roland die Rolle anbietet, der in der Hoffung auf ein wenig Ablenkung mitmacht.

Die Hoffnung gibt er schnell auf: In Leeds regnet es viel, und die Dreharbeiten werden immer wieder unterbrochen. Roland macht die Feststellung, dass das Kino dem Flugzeug ähnelt: Man »steht sich die Beine in den Bauch«, bevor der Motor läuft. Sein Drehtag verschiebt sich mehrmals, sein Kostüm kommt abhanden. Er weigert sich, eine Perücke zu tragen, aus Angst, lächerlich zu wirken: Ein Professor des Collège de France gepudert! Vor lauter Lampenfieber ist er außerstande, sich den einzigen Text der einzigen Szene zu merken, in der er nur wenig mehr als ein Statist ist. »Wir mussten ihn auf einer schwarzen Tafel aufschreiben, und er hat ihn abgelesen«, erzählt Téchiné. Heruntergestottert, genauer gesagt. »Er blieb bei jedem Wort hängen. Hinterher hat er mir versichert, es sei eine der schwierigsten Aufgaben gewesen, die er je im Leben auf sich genommen hätte«, wird sich Marie-France Pisier erinnern, die ihm antwortet und so versucht, ihn zu beruhigen.

Glücklicherweise umgeben ihn Freunde. Am letzten Abend, beim Essen, lobt er den Kostümbildner, den er gut kennt – auch er ist ein enger Freund Téchinés: »Du hast uns alle sorgfältig angezogen, du hast mich sehr gut angezogen. Jetzt ist es an mir, dich anzuziehen.« Und er übergibt ihm sein Yves-Saint-Laurent-Halstuch aus schottischer Wolle mit grünem, orangem und schwarzem Karomuster. Der Kostümbildner bewahrt noch heute die kostbare Reliquie auf, die er mit Marie-France Pisier geteilt hat: Die Schauspielerin hat noch in derselben Nacht in Leeds persönlich zur Schere gegriffen.

Der Meister ist zwischen seiner Depression und der Herzlichkeit seiner Freunde hin- und hergerissen. Im Sommer kehrt er nach Urt zurück, zusammen mit dem kleinen Bruder und Rachel. Zum ersten Mal ist Mam nicht die Seele des Hauses. Ihr Schatten schwebt in einiger Entfernung über dem benachbarten Friedhof. Im Vorjahr war sie sehr schwach gewesen. Dieses Jahr ist es Rachel, die ständig über irgendetwas klagt: »Sie war andauernd krank«, gibt ein Vertrauter preis. »Ihr Körper war ihr einziges Thema.« Am Abend, vor dem Fernsehgerät, setzte sie ihren Willen durch. »Roland musste sich, ohne ein Wort verlauten lassen zu dürfen, an den Filmen von Louis de Funés gütlich tun«, seufzt der nämliche Vertraute.

Bald muss Rachel nach Paris zurück, um sich operieren zu lassen. »Wir sind in Eile abgereist«, schreibt der Meister an Dr. L., um sich dafür zu entschuldigen, nicht Auf Wiedersehen gesagt zu haben. Er erträgt diese kleinen Unannehmlichkeiten, ohne Vorwürfe zu machen: Die Beziehung zum kleinen Bruder hat sich normalisiert. Der Tod von Mam hat sie einander nähergebracht. Er ist für ihn, wie für seine jungen Freunde, ein Beschützer, mütterlich. Er hat Mam auf dem Totenbett versprochen, sich auch weiterhin um ihn zu kümmern. Er hält Wort, gewissenhaft.

13 Das Phantom des Palace

Der Meister wohnte als Stammgast des Palace im Dezember 1979 der Premiere der Vorstellung von Serge Gainsbourg bei. Er besucht diese sagenumwobene Bar des Pariser Nachtlebens seit ihrer Eröffnung im Frühjahr 1978 regelmäßig. Aus einem einfachen Grund: Er war bereits ein ständiger Gast im Sept, einem schwulen Restaurant in der Rue Sainte-Anne, das Fabrice Emaer, der Schöpfer des Palace, ins Leben gerufen hatte. Es kommt dem Meister auf seinen Wanderungen gelegen und er lobt es, ohne lange darum gebeten werden zu müssen: »Das Palace hat gegenüber seinen Konkurrenten einen Vorzug in der Persönlichkeit von Fabrice.« Roland »sprach ›Fabrice‹ stets mit einem väterlichen Tonfall aus, wie man von einem jungen Neffen spricht, der sich gut macht«, erinnert sich Éric. »Er hatte ihn bereits als sehr jungen Mann gekannt, als er noch Gigolo war.« Auf Fabrices Bitten hin willigt der Meister sogar ein, gemeinsam mit Berühmtheiten aus ganz Paris per Zug nach Cabourg zu fahren, um dort einen kurzlebigen Ableger des Palace in Schwung zu bringen. Es ist wahr, das Ende seines Lebens wird mit dem Verweis auf Proust gekennzeichnet werden, und richtig ist auch, dass der Autor von *Auf der Suche nach der verlorenen Zeit* das Grand Hotel des Bahnhofs besucht hat.

Es überrascht nicht, dass der Trendsetter den gerade angesagten Ort der Hauptstadt aufsucht. In Urt hat er eine neue Gleichgültigkeit für die Modernität bekundet. In Paris bleibt er ein Intellektueller, der »angesagt« ist. Sein Freund Fabrice gründet den Ruf des Palace auf den Besuch von Stars aller

Kategorien. Der Meister akzeptiert es, einer von ihnen zu sein, der unüberwindlichen Trauer um Mam zum Trotz, weil er die Suche nach Vergnügen weniger denn je ablehnt. Zu der oft späten Stunde, zu der er sich dorthin begibt, tut er sich von nun ab weniger Zwang an –, denn das Palace ist selbstverständlich, und vor allem, ein Ort, um Bekanntschaften zu machen.

Ihm schmeichelt der Empfang, den Fabrice ihm bereitet, der ihn »mein Philosoph« nennt und ihn stets verlässt, indem er ihm ein wenig gekünstelt entgegenschleudert: »Auf sehr sehr bald!« »Er hat mich auch zum Anstaunen dagehabt, so wie einen andere ja auch ausgiebigst nutzen«, hat der Meister eines Tages eingestanden. Heutzutage ist das üblich: Um einen Ort zu etablieren, bewegen dessen Geschäftsführer eine Reihe Prominente zum Kommen. Fabrice Emaer hat das früh erkannt. Bereits das Sept, ein winziges, in kümmerliche Räumlichkeiten gezwängtes Restaurant, wurde von den schwulen Stars jener Zeit besucht, angefangen beim gefeierten Rudolf Nurejew über Helmut Berger bis hin zu Jacques Chazot. Auch wenn er die Rive droite nicht mochte, ging Roland dort in Begleitung der Houëlianer zum Abendessen. Téchiné erinnert sich, dass sie eines Abends im April 1974 im Sept waren, als Fabrice mit ernsten Gesicht an ihren Tisch getreten ist: »Ich muss Ihnen leider mitteilen, dass der Präsident gestorben ist.« »Roland hat diese Neuigkeit sehr betroffen gemacht«, versichert der Filmemacher. Der Meister wählte zwar beständig links, doch hegte er Achtung für einen Absolventen der École normale wie Georges Pompidou.

Da er sich seit dem Tod von Mam mit immer größerer Schnelligkeit altern fühlt, weiß Roland es zu schätzen, unter die Zugkräfte der angesagtesten Bar von Paris eingereiht zu werden, ja, beinahe benimmt er sich schon wie ihr Pressesprecher. Er hat sich nicht dazu zwingen müssen, denn er ist diesem »geretteten Theater« aufrichtig zugetan, das ganz im Zeitgeschmack hergerichtet wurde. »Ich fühle mich dort wohl«, versichert er in der *Vogue Hommes.* »Ich finde dort die ursprüngliche Kraft der echten Architektur wieder, die gleichermaßen die umherwandelnden, die tanzenden Körper schöner macht und die Räume, die Baulichkeiten belebt.« Der alte Bühnenvorhang fasziniert ihn: »Ich lese eine von der *French Line* ersonnene Reklame: Le Havre–Plymouth–New York. Eigenartig, aber in dieser Reihe von Orten ist es Plymouth, das mich ins Träumen geraten lässt. Hat das vielleicht etwas mit dem romantischen Mythos der Zwischenlandung zu tun?«

Bei jedem Besuch ist er eingestandenermaßen verwirrt: »Stets die gleichen Gefühle: eine Treppe emporsteigen und in einen ausgedehnten, von Lichtern und Schatten durchkreuzten Raum eintreten, wie ein Eingeweihter in den heiligen Kreis der Aufführung, auch wenn, und vor allem, wie hier, sich das Schauspiel im ganzen Saal abspielt.« Jedes Mal, wenn er das Palace beschwört, schwärmt er in den höchsten Tönen, nicht nur um Fabrice einen Gefallen zu tun: »Man kann ganz nach Lust und Laune seinen Platz wechseln, eine Freiheit, die einem in anderen Theatern versagt ist, wo jeder entsprechend seiner Geldbörse auf einen Platz festgelegt ist. Egal wo ich mich niederlasse, habe ich den amüsanten Eindruck, in einer Art von kaiserlicher Loge zu sein, von wo aus ich die Spiele befehlige.«

Vor lauter Wohlwollen geht er sogar soweit, sich zu fragen, ob Proust dieses »wunderbare Theater« wohl gemocht hätte. »Ich weiß nicht recht, es gibt hier keine Herzoginnen. Dennoch, wenn ich mich von oben herab über das von farbigen Lichtstreifen und tanzenden Schemen belebte Parterre des Palace beuge, wenn ich um mich herum im Schatten der Sitzreihen und der offenen Logen ein ständiges Kommen und Gehen junger Körper ahne, die mit dem ich weiß nicht wievielten Rundgang beschäftigt sind, dann habe ich das Gefühl, ich finde etwas wieder, dass ich bei Proust gelesen habe: jenen Abend in der Oper, wo sich der Saal und die Seitenlogen vor den verwunderten Augen des jungen Erzählers in eine Unterwasserwelt verwandeln. Das ist nur eine Metapher, die dem Palace einen letzten Zauber verleiht: jenen, den wir aus den Traumbildern der Kultur schöpfen.«

Diese Lobpreisungen des Palace fallen in seinem Werk – ja, sogar in seinem Leben – aus dem Rahmen. Er war nicht der Mann, der sich leicht für etwas begeisterte. Wie kann nun erklärt werden, dass er sich, gramgebeugt wie er ist, in einen so ausgedehnten, so weiten, so überfüllten Ort verguckt, wo er doch Menschenmassen verabscheut? »Er war ochlophob«, erklärt ein Linguist, der des Meisters Geschmack für Neologismen teilt. Bis dato hatte er die kleinen schwulen Bars aufgesucht, das Nuage in Saint-Germain-des-Prés, das Lapin agile in Clichy oder das Rocambole an der Rue nationale 20 in Lonjumeau. Je später die Nacht, desto mehr wandte er sich von den Heteros ab, verschmähte er die gemischte Gesellschaft. Nun liebt er das Palace aber gerade deshalb, weil es kein »Getto, weder in sozialer, noch in sexueller Hinsicht« ist, sondern ein »zugleich pariserischer und populärer, heterosexueller und schwuler« Ort, »der sich selbst genügt«.

Ihm gefällt, ja fasziniert sogar dieser Reigen der Körper um ihn herum. »Eine Augenweide«, rufen die arabischen Verkäufer immer wieder, um Kunden in den maghrebinischen Souks anzulocken. »Im Palace ist das ganze Theater eine Bühne ... Ich bin nicht gezwungen zu tanzen, um mit diesem Ort in eine lebhafte Verbindung zu treten. Als Einzelgänger, oder zumindest ein wenig abgeschieden, kann ich ›träumen‹.« Bei den Abendessen von Youssef und Jean-Louis war Roland auch immer eher Zuschauer als Handelnder. Das ging soweit, dass er manchmal als Belastung empfunden wurde. Im Palace kann er sich eine professionelle Neugierde erlauben, ohne jemanden zu stören oder die Party zu sprengen.

Obwohl er sich stets und überall langweilt, hat er nun endlich einen Platz gefunden, wo er von Überraschung zu Überraschung eilt. Als veritables Phantom des Ortes hat sich der Meister in seinen Nächten im Palace sehr zurückgehalten. Er hat, wie man umgangssprachlich sagt, Stielaugen gemacht. Man kann sagen, dass seinem Freund Fabrice eine ganz und gar Barthes'sche Synthese gelungen ist: »Das Palace vereint an einem einzigen Ort normalerweise verstreute Vergnügungen. Es dient ganz und gar Gefühlseindrücken, die dazu bestimmt sind, die Menschen für die Dauer einer Nacht glücklich zu machen ...« Glücklich für die Dauer einer Nacht ... Tagsüber tritt er den Hörern im Collège als hilfloser Mann gegenüber, »am Boden zerstört« von Mams Tod. Des Nachts bringt er es fertig, sich zu betäuben, den Bleimantel, der ihm auf den Schultern lastet, abzuwerfen. Jedes Mal begibt er sich ins Palace mit der Hoffnung, die Verzauberung könne in ein Abenteuer münden. »Ich habe ein Böcklein im Visier«, rief er Youssef gern zu, seinem regelmäßigsten Begleiter. »Obgleich er einzig und allein von einer Zäsur träumte, von den zu schreibenden Büchern, vom Neuanfang, dachte er an nur an das Eine«, hat Sollers geschrieben. »Das war sein Niedergang, er hat sich schlagartig beschleunigt.«

Es hat stets zwei Barthes' gegeben, einen für den Tag und einen für die Nacht, den Meisterdenker und den, der auf die Pirsch ging. Nach Mams Tod vertieft sich der Graben zwischen den beiden. Der eine Barthes macht einen Kult aus seiner Melancholie, der andere zwingt sich dazu, ihr zu entkommen. Der eine stellt sein Witwersein aus, der andere träumt von einer Partnerschaft. Obwohl ihm die Böcklein immer häufiger eine Abfuhr erteilen und er immer öfter auf »Stricher« zurückgreifen muss, glaubt er, seiner Einsamkeit entfliehen zu können.

Er nimmt sein Weiterleben in Angriff. Seine Freunde sind glücklich, ihn in der Rue Servandoni das »Terrain besetzen« zu sehen. Er hatte das Büro in der sechsten Etage behalten, das seit über 30 Jahren das seine war. Nach dem Tod von Mam überlegt er eine Zeit lang, wieder dorthin zurückzukehren, sich dort wieder einzurichten. Er hat die Wohnung im zweiten Stock nie gemocht. Da er jedoch mehr und mehr Probleme mit dem Treppensteigen hat, muss er dieses Vorhaben aufgeben. Also richtet er sein Büro im zweiten Stock ein, in dem Zimmer, das Mam bewohnt hat.

Das ist eine Entscheidung von doppelter Tragweite. Sie beweist, dass er trotz allem entschlossen ist, ein Kapitel abzuschließen, dass er nicht vorhat, aus diesem Zimmer ein Mausoleum zu machen. Er behält nur ein einziges Möbelstück, einen kleinen Stuhl, den er in sein eigenes Zimmer stellt, neben sein Bett. Zugleich ist dieser logische Entschluss – das Zimmer ist frei – dennoch symbolträchtig. Künftig schreibt er in der Kammer (der hellen Kammer?), in der Mam gestorben ist. Die Schlinge zieht sich zu. Seit über 60 Jahren hat sie sein Leben begleitet. Von nun an begleitet sie sein Sterben. Einige spucken auf die Gräber, der Meister macht aus dem Sterbezimmer seiner Mutter seinen Arbeitsplatz. »Es gibt Arten zu Trauern, die nicht zu Ende gehen«, beklagt Youssef.

14 Proust und ich

Platz da für die Praxis. Im Frühjahr in Casablanca hat der Meister beschlossen, sich der Vorlesung im Collège zu bedienen, um seinen Traum zu verwirklichen, einen Roman zu schreiben. Im Herbst macht er das gleich in der ersten Vorlesung deutlich: »Ich begebe mich in die Position von jemand, der etwas macht, und nicht von jemand, der über etwas spricht.« In der Stimmung für Geständnisse fährt er fort: »Dazu müsste ich mein vergangenes Leben wählen, mein neues Leben. Ich muss aus diesem schwermütigen Zustand heraus, in den mich der Verschleiß durch die wiederholten Arbeiten und die Trauer geführt haben.«

Da bricht sich zu »einem vielleicht etwas späten Zeitpunkt« bei ihm die »Sehnsucht nach einer Veränderung, das Leben zu ändern, zu unterbrechen und neu zu beginnen« Bahn. In den 1970er-Jahren ist – im Gefolge des Mai 68 – oft die Rede davon, »das Leben zu ändern«. Es ist die Parole der Sozialistischen Partei. Das strebt das Gemeinschaftsprogramm der Linken an. Gerade da entscheidet sich der Meister für dasselbe Unterfangen: ein Gewohnheitsmensch möchte den Routinen entrinnen ...

Damit das gelingt, hat er sich Proust zum Vorbild genommen. Die Vorlesung trägt den Titel: »Lange Zeit bin ich früh schlafen gegangen«, es ist der erste Satz aus *Auf der Suche nach der verlorenen Zeit*. Vielleicht sollte man darin ein Augenzwinkern sehen, angesichts der Tatsache, dass er künftig immer erst spät schlafen geht, nämlich dann, wenn er aus dem Palace kommt. Nach dem Voranstehenden präzisiert er: »Das kann für Proust und mich gelten. Was für eine Anmaßung!«, dann fügt er hinzu: »Ich vergleiche mich nicht, ich identifiziere mich mit ihm.« Diese Identifizierung, die obsessive Züge annehmen soll, ist nachvollziehbar: Vor dem Tod seiner eigenen Mutter hatte er Verfasser von *Auf der Suche nach der verlorenen Zeit* nichts als Skizzen und Fragmente geschrieben. Wie der Meister »macht Proust eine Zeit der Niedergeschlagenheit durch, aber auch eine der unfruchtbaren Unruhe. Er möchte ein Werk schaffen, aber was für eines?«

Die Identifizierung ist umfassend. Seit einem Jahr ist Roland niedergeschlagen. Bei Proust hat diese Phase vier Jahre gedauert. »Er sucht eine Form, die das Leid (das er durch den Tod seiner Mutter soeben als absolutes erfahren hat) aufnimmt und es transzendiert.« Warum war der Tod von Mam, das »uneingeschränkte Leid«, bei ihm nicht zu dem erwarteten Auslöser geworden? »Eine entsetzliche Trauer, eine einzigartige und quasi nicht wieder gutzumachende Trauer kann für mich diesen ›Gipfel des Besonderen‹, von dem bei Proust die Rede war, bilden; wenn auch spät, so könnte diese Trauer für mich dennoch zum Mittelpunkt meines Lebens werden.« Zum zweiten Mal in dieser Vorlesung benutzt Roland das Adjektiv »spät«. Die Identifizierung gelingt nicht vollständig. 1909, als er sich in *Auf der Suche nach der verlorenen Zeit* stürzte, war Proust 38 Jahre alt. Er wird bald 63 Jahre alt sein. »Was mir noch an Lebenszeit bleibt, wird niemals auch nur die Hälfte dessen sein, was ich bereits gelebt habe.« Er beginnt einen Wettlauf gegen die Zeit: Wird er lange genug leben, um diese Umwandlung zu einem Ende zu bringen? »Es kommt eine Zeit, wo die Tage gezählt sind; man wusste sich sterblich, plötzlich fühlt man sich sterblich.«

Dieser Eingang in die Literatur steht ganz unter dem Zeichen von Mam: Ihr Tod ist die Inspirationsquelle, die Erzählung ihres Todes ist das Epizentrum des Werks. Seinen Hörern präsentiert der Meister zwei Vorbilder. Das Ableben des Fürsten Bolkonski in *Krieg und Frieden*: »Die letzten Worte, die er an seine Tochter Marja richtet, der Ausbruch von Zärtlichkeit, der, angesichts des Todes, diese beiden Wesen zerreißt, die sich liebten, ohne jemals den Diskurs (das Geschwätz) der Liebe geführt zu haben.« Niemals hat es »Geschwätz« zwischen ihm und Mam gegeben. Er möchte das Unaussprechliche aussprechen.

Das andere Vorbild findet sich natürlich in *Auf der Suche nach der verlorenen Zeit*: der Tod der Großmutter. »Das ist eine Erzählung von absoluter Reinheit; der Schmerz wird nicht kommentiert, die Grausamkeit des nahenden Todes, der auf ewig trennen wird, wird nur anhand von indirekten Vorgängen geschildert: der arme Kopf, der unter Françoises Kamm hin und her wackelt ...« Die Grausamkeit des Todes transzendieren ... Es ist eine sehr genau umrissene Suche, auf die er sich begeben will: auf die Suche nach der verlorenen Mutter. Er hofft, »Momente der Wahrheit« abzubilden, und wird vor seinen Hörern pathetisch: »Mein Innerstes möchte reden, möchte seinen Schrei erschallen lassen« Sein Schrei? Mama!

Darüber hinaus möchte Roland, »jene, die er liebt, benennen: bezeugen, dass sie nicht umsonst gelebt, und oft genug gelitten haben; es sei durch das souveräne Schreiben gesagt, diese Toten – Tolstoi, Proust – werden nicht dem Vergessen der Geschichte anheimfallen«. Er möchte Mam dem Tod entreißen, aber nicht nur das. Er will die Freunde heraufbeschwören, nicht länger »seine Liebe verbergen«, die »Wahrheit der Gefühle, nicht die der Vorstellungen« bezeugen. Er hat die intellektuellen Wortgefechte und ihre unvermeidliche Begleiterscheinung, die Arroganz, satt. Barthes macht endgültig Platz für Roland.

Die Vorlesung, die mit der Proust'schen Lektion beginnt, wird sich also »Die Vorbereitung des Romans« nennen. Die

Hörer im Collège sind zu Zuschauern dieser Suche geworden. Die Treffen am Samstagmorgen sind nun bloß noch eine Abfolge von vertraulichen Mitteilungen, gespickt mit Belegstellen aus der Literatur. Montaigne hat beteuert, der »Gegenstand seines Werks« zu sein. Der Meister wird zum Gegenstand seiner Vorlesung. Man erwartet von ihm eine Show, also stellt er sich zur Schau. Zweifellos geht er auch deshalb zum »Ich« über, um dem Gefühl der Einsamkeit zu entrinnen, dass er angesichts einer Menge empfindet, die sich drängt, um ihn zu hören. »Das Publikum ist unerträglich«, vertraut er seinen Freunden an. »Foucault hatte denselben Eindruck«, berichtet François, der befreundete Verleger, »das Gefühl, keine Schüler mehr zu haben, allein auf der Bühne zu stehen.«

Paradoxerweise konzentrieren sich die Angriffe genau in dem Augenblick, da Roland hervortritt, auf Barthes. In jenem Herbst 1978 wird er in zwei Büchern bösartig angegriffen. Das erste ist eine reine Schmähschrift. In *Assez décodé* bläst ein Literaturwissenschaftler, ehemals Schüler an der École normale supérieure und jetzt Assistent für Französische Literatur an der Sorbonne – der Werdegang, der dem Meister vorenthalten blieb – zum Angriff:»Wie gern würden wir einen Roland Barthes/Schnauze voll (ras le bol) verfassen, der als erster Band in der Sammlung ›Pedanten unserer Zeit‹ erscheinen könnte. Denn gegenwärtig ist Roland Barthes zweifelsohne Meister in der Kunst, leichtgläubige Tröpfe mit einer geschickten Mischung aus Kauderwelsch und Gewäsch zum Staunen zu bringen.« Was folgt ist vom gleichen Kaliber:»Dass ein dermaßen verworrener Geist als einer der Leitsterne unserer Zeit angesehen wird, dass die Avantgarde einen solcherart unsicheren Geist als führenden Kopf betrachtet, nichts ist bezeichnender für die gegenwärtige Krise des kritischen Denkens.«

Da wird der Meister zum König der Trottel erklärt, angeklagt,»ein Ausstreuer von albernem Zeug, ein Fabrizierer von

Geschwätz« mit »lächerlichen Launen« zu sein. Dagegen wirkt der zweite Essay fast schon zahm. Es handelt sich um eine Parodie mit dem Titel *Le Roland Barthes sans peine*. Die beiden Autoren haben sich vorgenommen, ihren Lesern jene mysteriöse Sprache beizubringen, die »vor ungefähr 25 Jahren in ihrer archaischen Form erstmals in einem Werk mit dem Titel *Am Nullpunkt der Literatur* in Erscheinung getreten ist«, eine Sprache, die sich seither »mehr und mehr vom Französischen, dem sie entstammt, entfernt hat und sich als autonome Sprache mit eigener Grammatik und eigenem Vokabular herausgebildet hat«.

Dieser zweite Essay versucht nicht, das Werk des Meisters zu ergründen, er hebt in humoristischer Weise hervor, dass seine Form für die meisten Sterblichen unverständlich ist. Die Autoren stellen Sätze solchen à la »Roland Barthes« gegenüber. Zum Beispiel: »Wie heißen Sie?« wird zu: »Wie bezeichnest du dich?«; »Ich bin Sekretär« wird zu: »Ich sondere kleine Codestückchen ab«; oder »Ich fühle mich schlecht in meiner Haut« wird zu: »Meinem Was-ich-spüre-Über-Ich zufolge, könnte man mir Schwierigkeiten mit dem Wohnumfeld vorwerfen.«

Der Meister hätte darüber lachen sollen, schließlich bestätigen diese beiden Bücher den Rang, den er in der intellektuellen Diskussion einnahm. Aber er hat niemals auch nur den kleinsten Vorwurf ertragen. Die Bösartigkeit und die Ironie machen ihn krank. Diesmal ist es wirklich genug. Verstimmt, als Lehrer von Kauderwelsch dargestellt zu werden, vermeidet er es peinlichst, die beiden Werke zu lesen. »Ich hätte zu viel Angst, hinterher nicht mehr schreiben zu können«, erklärt er Alain Robbe-Grillet, dem er in der Oper über den Weg läuft, und der findet, er sei übertrieben verletzt.

Da es ihm unmöglich ist, den Witzeleien des literarischen Milieus zu entgehen, beschließt Roland, wenigstens den »Kletten«, die ihn zu Hause belästigen, ein Schnippchen zu schlagen:

Er ändert seine Telefonnummer. Dieser Vorgang findet kurze Zeit vor der Rückkehr ans Collège im September 1978 statt. Er lässt seinen Freunden eine kurze Nachricht zukommen: »Ich habe die Nummer geändert, es war unerträglich geworden, hier ist die neue, so geheim wie möglich.« Da seine Nummer im Telefonbuch stand, konnte, wer nur wollte, sich jederzeit mit ihm in Verbindung setzen. »Er war kein Mensch für Veränderungen«, stellt ein Schüler fest. »Er muss wirklich am Ende gewesen sein.« Das Heil besteht in der Flucht: so viel zur Roten Liste.

Um seinen Roman schreiben zu können, muss er für noch mehr Zeit sorgen, muss seine gesellschaftlichen Verpflichtungen einschränken. Er bekommt Lust, sich in Urt niederzulassen: die »Kletten« wären mit einem Schlag aus seinem Leben getilgt. Zu den Vorlesungen im Collège käme er nach Paris, auch um Freunde zu treffen. In seinem Haus in Urt hat er stets gut gearbeitet, nachdem er sich dort ein Arbeitszimmer fast exakt so wie das in der Rue Servandoni eingerichtet hatte.

Schmerzliches Dilemma: Paris oder Urt? Die Wohnung, in der Mam gestorben ist, oder das Haus, das einige Dutzend Meter entfernt von ihrem Grab steht? Mehr denn je steht er unter dem mütterlichen Einfluss. Was ihn an Paris fesselt, ist anderer Art: die Jünglinge. Im Südwesten muss er enthaltsam leben, doch in Paris ist er zügellos. Eines Tages geht er mit einem Freund die Rue Saint-Benoît hinunter, als ein Chauffeur in Livree gerade das Einparken meistert. »Roland ist zu ihm gegangen, um ihm Guten Tag zu sagen, wobei er ihn deutlich hörbar duzte: Das war offenkundig einer seiner regelmäßigen Partner. Nach dem Tod seiner Mutter störte es ihn überhaupt nicht, sich auf diese Weise vor dem Flore zu zeigen, das in dem gewöhnlich von ihm aufgesuchten Viertel lag. Er genoss auch sehr seine Beziehung mit einem verheirateten Mann, der ein Kind hatte.«

Auf der anderen Seite des Boulevard Saint-Germain gehen die Gigolos auf und ab. »Sie verehrten Roland, weil er sanft, voller Respekt und großzügig mit ihnen umging«, fährt derselbe Freund fort. Der Meister beschwert sich manchmal, die Gigolos würden »keinen hochkriegen«. Dass man keine »Leidenschaft kaufen« kann, bedauert er. Aber insgesamt hat er »ein gutes Verhältnis zu ihnen«. Unter diesen Umständen erweist sich der Umzug nach Urt als Hirngespinst.

15 Roland in New York

Ein Star, ganz gewiss. An dem nach Kennedy benannten Flughafen wartet eine schwarze Limousine auf den Meister, der Erste Klasse gereist ist. Tom Bishop, der Leiter des Romanistischen Seminars der Universität von New York, empfängt ihn. Die beiden Männer stürzen sich in die Limousine, die sie nach Greenwich Village fährt, in das Domizil von Rolands amerikanischem Übersetzer. Er ist für ein paar Tage in New York, für die Dauer einer Vorlesung, die exakte Kopie derjenigen, die er im Collège de France vortragen wird. Einzig der Titel lautet anders. »Lange Zeit bin ich früh schlafen gegangen« wird in der amerikanischen Fassung zu »Proust und ich«. Doch auch das war nur ein durchsichtiger Vorwand, um über sich selbst zu sprechen.

Am Nachmittag herrscht starkes Gedränge in einem der großen Hörsäle der Universität am Washington Place. Alle wollen hören, wie der aus Frankreich eingetroffene Meister seine bevorstehende Umwandlung ankündigen wird. Nicht das geringste Anzeichen von Enttäuschung im Publikum: Seine New Yorker Fans sind vorurteilsloser als seine Pariser Hörerschaft. »In Amerika war er ein großer Star«, merkt ein Akademiker an, der immer noch nicht begreift, warum der Meister im Ausland so großen Erfolg hatte, wo er doch das Englische nur sehr schlecht beherrschte. Damals wanderte die französische Kultur aus.

Am übernächsten Tag ruft Roland in einem kleinen Raum der Universität ein zugangsbeschränktes Seminar ins Leben. Da sitzen seine amerikanischen Freunde, unter anderen Susan

Sontag, die ihn fragt, wie sein Roman aussehen soll. Das ist die Frage, die sich seine engen Freunde stellen: Niemand glaubt, dass er sich tatsächlich die klassische Form des Romans zu eigen machen wird. Er selbst hat einige Monate zuvor im französischen Radio versichert, dass er sich nicht vorstellte, »einen narrativen Stoff auszuarbeiten, wo es eine Geschichte geben wird, das heißt für mich hauptsächlich imparfait und passé simple und psychologisch ausgeformte Gestalten.« »Er hatte ein Problem mit dem passé simple, das er nicht beherrschte, obwohl es die Zeitform des Romans ist«, erklärt ein Schüler.

Ein Problem mit dem passé simple ... Nicht nur das: »Er dachte auch, dass man, um ein Romanschriftsteller zu werden, ein wenig besserwisserisch sein müsse«, bemerkt ein Houëlianer. In Rolands Augen »wird ein Roman nicht von seinem Stoff bestimmt, sondern von der Absage an den Geist der Ernsthaftigkeit«. Es ist nicht einfach für ihn, seinen bisherigen Überzeugungen zu entsagen. Susan Sontag antwortet er, er wisse noch nicht, welche Form sein Roman annehmen werde. Womöglich wird er aus einer Abfolge von Fragmenten bestehen. Das Problem fängt an, ihn zu verfolgen: Ist er nicht dazu verdammt, stückweise zu schreiben?

In dem Raum sind auch französische Freunde anwesend. Insbesondere ein Linguist, der von Paris aus im selben Flugzeug gereist ist. Gérard G. erinnert sich, eine schlimme Vorahnung gehabt zu haben: »Ich war in der Zweiten Klasse. Während des Fluges suchte ich ihn auf, um mit ihm zu plaudern. Er schlief, der Kopf war nach hinten gekippt: Ich hatte den Eindruck, einer Leiche gegenüberzustehen.« In jenem kleinen Seminar kann Gérard G. beobachten, dass der Meister urbi et orbi von seinem zukünftigen Roman spricht, obwohl er noch nicht eine einzige Zeile geschrieben hat. »Sind Sie nicht abergläubig?«, erkundigt er sich beunruhigt. »Ich bin zuversichtlich«, antwortet Roland.

Das ist ein Punkt, über den sich seine Freunde nicht einig sind. Hat er wirklich gedacht, es würde ihm gelingen, einen Roman zu schreiben? »Er sagte: Ich glaube daran, verstehen Sie, ich glaube nicht daran«, erinnert sich François, sein Freund und Verleger. Auch Bernard-Henri Lévy bestätigt dies: »Sein Wunsch, einen Roman zu schreiben, wurde zur Besessenheit, gleichzeitig spürte er, dass er dazu nicht imstande war. Dieses persönliche Scheitern hat seine Melancholie gegen Ende seines Lebens noch vertieft.« Andere enge Freunde gehen im Gegensatz dazu davon aus, der Meister habe daran geglaubt. Zumindest am Anfang. Wir befinden uns im Herbst 1978: Er wird seinen Glauben an seine Konversion auch in New York verkünden. »Er sagte uns: Ich weiß sehr gut, dass ich kein Romanschriftsteller bin, aber ich werde es versuchen«, sagt ein Filmemacher und fasst damit die allgemeine Meinung zusammen.

In jenem kleinen Seminar in New York fragt man ihn auch nach seinen Träumen. »Ich träume so wenig wie möglich«, gibt er preis. Was soll das heißen? Er nimmt ein leichtes Schlafmittel, das Träume unterbindet. Aus Angst vor Albträumen? Nein. Die Erinnerung an Mam ist zu schmerzlich. Er fürchtet auch das Wiederauftreten von »winzigen Bewusstseinsschüben«, die seinen Schlaf stören. Kommentar eines Teilnehmers: »Roland mochte die Introspektion nicht.«

Am 12. November der vorletzte Geburtstag. Zur Feier der Vollendung seines 63. Lebensjahrs möchte er chinesisch essen gehen. Seine Freunde führen ihn ins Phoenix aus, einem in einer Passage in Chinatown gelegenen Restaurant, wo man ihm pochierte Austern empfiehlt. Ausnahmsweise ist der Meister gut aufgelegt. Er schlüpft in die Rolle des Wahrsagers: »Ich werde versuchen zu sagen, was ihr euch ersehnt, werde eure Wünsche verkünden«, eröffnet er seinen Tischgästen. Chantal T., einer ehemaligen Schülerin und zukünftigen Schriftstellerin, wünscht er, dass sie das Buch schreiben möge, das sie in sich trage. Auch Philippe R. ist zugegen, der Verfasser eines Buches über de Sade, der den Meister für den *Playboy* interviewt hat, als die *Fragmente* gerade erschienen waren. »Sie, genießen Sie Ihr Leben in vollen Zügen, das wird ihnen guttun.«

Die kleine Truppe geht noch auf ein Glas ins White Horse im Village. Nun ist es an dem Meister, sein Herz auszuschütten. Ja, er möchte gern, dass sein geplantes Buch Gestalten enthält. Auch wenn er noch nicht weiß, bis zu welchem Punkt er Lust hat, einen traditionellen Roman zu schreiben. Er kommt auch auf die französische Politik zu sprechen. Er gibt zu, dass er sich Sorgen macht über das Auseinanderbrechen der Union der Linken. »Seiner Ansicht nach«, erinnert sich Philippe R., »musste die regierende Linke grundsätzlich die Volkskultur und die französische Sprache verteidigen, die ›Nabelsprache‹, wie er sie manchmal nennt.«

Dieses New Yorker Zwischenspiel findet unter den besten Voraussetzungen statt. Roland wird umschwärmt und verhätschelt. Dennoch schlägt seine Laune nur allzu schnell um. Er ist besessen von der fixen Idee, in einer Boutique, die ihm empfohlen wurde, einen Mantel zu kaufen. Sie hat geschlossen. Er möchte unter allen Umständen wieder zu ihr zurückkehren, denkt an nichts anderes mehr. Um die Wahrheit zu sagen, der Tod von Mam hat ihm den Spaß am Reisen verdorben: Er begibt sich weniger häufig in die Fremde. François, der befreundete Verleger, hat diese Verknöcherung analysiert: »Als seine Mutter tot war, ist Roland nicht mehr – oder nicht mehr richtig – verreist. Das Reisen diente oft genug dazu, sie zu verlassen. Das geschah jedoch auf eine ganz bestimmte Weise: indem der Faden von der Spule abgewickelt wurde, ohne sich ganz von ihr zu lösen. Nachdem die Spule weg war, machte das Ziehen am Faden keinen Sinn mehr. Oder, schlimmer noch, man hätte ganz verschwinden müssen.« »Er mochte das Reisen nicht«, setzt Philippe R. noch eins drauf. »Er musste Freunde vor Ort haben, die er besuchen konnte.«

Besuchen, nicht mehr. Bald schon möchte Roland heimkehren. Er kann den festgelegten Termin nicht abwarten. Da wandelt ihn ein barockes Gelüst an: ein Flug mit der Concorde. Es drängt ihn, Paris wiederzusehen. Seine amerikanischen Gastgeber scheitern, ihn zu halten. »Er war im Kopfumdrehen wieder da«, erinnert sich ein Houëlianer. »Er hat uns erklärt, man habe ihm die Concorde angeboten, weil er New York satt hatte.«

Ein weiteres Beispiel für seine unzeitgemäßen Ausgaben. Seinen Freunden gegenüber beschwert er sich, dass der Erfolg der *Fragmente* vor allem zu einem Anstieg seiner Steuern geführt habe, aber dennoch gönnt er sich die Concorde. Diese übereilte Rückkehr legt Zeugnis ab für seine abgekühlte Beziehung zu den Vereinigten Staaten. Ein Universitätsangehöriger erinnert sich an einen gemeinsamen Ausflug nach Baltimore: »Er hatte Angst, gemeinsam mit Frauen den Aufzug zu benutzen. Er fühlte sich schon angegriffen, wenn sie ihm nur Guten Tag sagten.«

Die amerikanischen Frauen sind aggressiv und die Jungs unzugänglich. Da er stets die Länder nach seinen libidinösen Erlebnissen bewertet, ist er in New York in eine schwule Striptease-Bar gegangen, wo er sich gelangweilt hat. Die narzisstische Befriedigung, die ihn nach seiner Vorlesung an der Universität erfüllte, war schnell seinem chronischen sexuellen Unbefriedigtsein gewichen.

In Paris findet Roland zu Marcel zurück: »Zweifellos hat der Tod der Mutter den Grund zu *Auf der Suche nach der verlorenen Zeit* geliefert«, stellt er im *Magazine littéraire* fest. Vier Jahre lang schwankt Proust, ob er einen Essay oder einen Roman schreiben soll. Er beginnt mit einem Essay, *Gegen Sainte-Beuve*. Im Juli 1909 gibt er ihn ab, im August wird das Manuskript abgelehnt, im September »hat er sich bereits in das große Werk gestürzt, dem er alles opfern wird bis zu seinem Tod im Jahre 1922«. Plötzlich, im September 1909, stellt der Meister fest,»ging es los«.

Was hat das bewirkt? Das ist die große Frage. Sie verfolgt ihn. Sie steht im Zentrum seiner Vorlesung am Collège de France:»Ich glaube an eine Erschließung der Regel des Schöpferischen«, erklärt er. Proust hat einen technischen Kniff entdeckt, um das Werk »schlüssig« zu machen. Roland verweist auf »eine bestimmte Art, Ich zu sagen«,»eine Wahrhaftigkeit der Eigennamen«. Er beklagt sich, keine Antwort auf seine Fragen bei den auf den Schriftsteller spezialisierten Fachleuten zu finden.

Mithilfe des *Magazine littéraire* macht Roland seinen Wunsch, sich der Literatur zu widmen, endgültig öffentlich: »Ich bin ein Essayist. Ich gestehe, versucht zu sein, etwas zu schreiben, das einem Roman ähneln könnte.« Die Formulierung ist vorsichtig. Ein Anzeichen für die Zweifel, die auf ihn einstürmen?

16 Kirschen im Winter

Kirschen auf dem Markt von Saint-Germain zu Beginn des Winters. So nimmt ein Pas de deux seinen Anfang, den der Meister einige Monate lang mit dem *Nouvel Observateur* vollführen wird. Seitdem er zugleich Witwer und Waise ist, macht er seine Besorgungen häufig selbst mit Mutters Einkaufstasche, an der er sehr hängt. Kirschen im Winter? Er gesteht Jean-Paul Enthoven, einem Journalisten des Wochenblatts, seine Verblüffung: Es ist doch gar keine Saison mehr! Natürlich drückt er diese Binsenwahrheit in seiner Sprache wesentlich prägnanter aus. Warum schreiben Sie nicht, ausgehend von ihren Beobachtungen über das Alltagsleben, neue »Mythologien«, schlägt der Journalist unter Bezugnahme auf jenes Buch vor, das Rolands Karriere begründet hat. Schnell ist ein Mittagessen mit Jean Daniel, dem Geschäftsführer des *Nouvel Observateur*, im Charpentiers vereinbart, einem Restaurant in Saint-Germain-des-Prés. Das Gespräch dauert lange. Jean Daniel hat seine Verblüffung dem Biografen des Meisters mitgeteilt: »Ich musste an jenem Tag feststellen, dass auch Leute auf der Höhe ihres Ruhmes verletzlich sein können, wenn sie sich infrage gestellt fühlen.« Die beiden Schmähschriften vom Herbst, die seine Pedanterie verspotten, haben Roland verletzt. Er würde liebend gern darauf antworten. *Mythen des Alltags* ist von jeher sein zugänglichstes Buch gewesen. Er würde es sehr gern fortsetzen, um zu zeigen, dass er lesbar sein kann. Jean Daniel gewährt ihm Unterschlupf.

Es ist immerhin einigermaßen paradox, dass der Meister sich in diesem Augenblick seines Lebens daranmacht, eine wöchentliche Kolumne zu schreiben: Auch wenn sie relativ kurz ist, wird sie ihm nicht wenig Arbeit machen und seine uneingeschränkte Aufmerksamkeit fordern. Im Collège de France verkündet er jede Woche seine Absicht, sich nicht mehr ablenken lassen zu wollen. Und dann stürzt er sich in ein neues Abenteuer, bei dem alle nur auf einen Fehler lauern werden: Was gibt es Exponierteres als eine regelmäßige Kolumne in einer auflagenstarken Zeitschrift? Jede seiner neuen »Mythologien« wird zerpflückt werden.

Aber Sollers drängt ihn, stärker in die Medienöffentlichkeit zu treten, um das Terrain nicht seinen Gegnern zu überlassen. Der Meister mag auch die Vorstellung, den Fragmenten wieder ein Buch abzutrotzen. Und dann hat er stets ausdrücklich Gefallen am Unwesentlichen gefunden, das für ihn das Wesentliche am Leben auszumachen schien. »Er entwarf diese Kolumnen als Katalog kleiner Dinge«, so einer seiner Freunde. Die »Geringschätzung« von »Kleinigkeiten« beklagend, schätzt es Roland, »die Gegenwartssplitter zu bewahren«, wie er so schön sagt, so auch diejenigen, die ihm »ins Auge springen«.

Eines Samstags gibt er im Collège ein Beispiel einer »Notiz« zum Besten, die er in das kleine Heftchen einträgt, das er ständig mit sich führt, und die er zu Hause sorgsam auf eine Karteikarte schreibt. »Am Place Saint-Germain auf den 48er Bus wartend, sehe ich ein Pärchen vorbeigehen, die junge Frau trägt unglaublich hohe Absätze ... Ich frage mich: Wie können die damit laufen? Einerseits völlig uninteressant, gleichzeitig jedoch Aufforderung, es aufzuschreiben, da es das ›Leben‹ in seiner ganzen Zartheit ist.« Es ist nicht mehr die richtige Jahreszeit dafür! Frauen mit hohen Absätzen laufen Gefahr, sich den Hals zu brechen! Man versteht, dass es ihn ärgert, als fachsimpelnder Essayist dargestellt zu werden.

Die erste Kolumne erscheint am 18. Dezember. Wenig überraschend geht es darin um rote Früchte. »Auf dem Markt von Saint-Germain habe ich Kirschen entdeckt, sie kommen aus Australien. Der technische Fortschritt (in einigen Stunden Früchte von den Antipoden kommen zu lassen) entfremdet den Menschen dem korrekten Jahreszeitenverlauf, seinem Tempo. Damit ist Schluss mit der größten aller Freuden, der an der Wiederkehr.« Woche für Woche verwandelt sich der Meister in den Wirt einer Art von Handelscafé für Eierköpfe: »Sah im Fernsehen – in Erwartung von Mitternacht – einen sehr französischen Film: *Vincent, François, Paul und die anderen.* Jeder Darsteller bekommt einen Wutanfall, der alle mächtig erschreckt, danach verträgt man sich aber wieder: Das geht auf Gabin zurück, der entdeckt hat, dass man in Frankreich gewissermaßen Vergnügen daran hat, sich anzuschnauzen und wieder zu vertragen.«

Bestimmte Notizen sind spitzfindiger. So zum Beispiel jene über den Imperativ: »Mir wurden, in Form von liebevollem und wohlmeinendem Spott, direkt nacheinander drei oder vier Aufforderungen erteilt. ›Rauch nicht mehr!‹ ›Sei nicht traurig!‹ Ich denke mir also: Und wenn man den Imperativ abschafft? Im Imperativ lauert eine Gewalt, die noch viel deutlicher wird, wenn er zum ›eignen Besten‹ an einen gerichtet wird.« Mam hat nie in der Befehlsform mit ihm gesprochen ...

Nach vier oder fünf Wochen liefert er einmal seine Kolumne erst am Abend des Redaktionsschlusses ab. Jean-Paul Enthoven nimmt ihn in die Setzerei mit. Ein Layouter erläutert seine Arbeit: Da kommt die Überschrift hin, dort das Foto, zwischen die beiden das Graue. Das Graue? Der Meister wird aufmerksam. Damit ist der Text gemeint, führt der Layouter aus. »Der Ausdruck hat ihn entzückt«, erzählt Jean-Paul Enthoven. »Er war gerade dabei, eine Vorlesung über das Neutrum zu halten, das ebenfalls ein grauer Farbton ist. Wenn er später in den *Observateur* kam, hat er uns immer gesagt: Ich bringe mein kleines Graues!«

Das Problem ist nur, dass seine »kleinen Grauen« allzu rasch enttäuschen. Diese unzusammenhängenden Notizen ergeben nur mit Mühe einen Sinn. Auch wenn er den Schlüssel mitliefert. »Dschingis Khan ist Teil der Geschichte, aber mochte er Rosen? Wie wird dieser Ausspruch von den jungen Geistern von heute aufgenommen werden? Als lächerlich? reaktionär? belanglos? Oder einfach als unverständlich?« Es macht ihm Spaß, sich als altmodisch, als abgehoben darzustellen. So auch in dieser Bemerkung über einen Film von Éric Rohmer: »Mich verletzt das Lachen der Zuschauer während der Vorführung: Rohheit der Empfindungen, sobald man über eine Empfindung oder eine Schlichtheit lacht, kommt das Barbarentum zum Vorschein.« Die Sprache ist »faschistisch«, und die regelmäßigen Besucher der dunklen Säle sind »Barbaren«: Er mag das Geringfügige, aber seine Urteile sind manchmal riesengroß.

Die »kleinen Grauen« liegen den Lesern schwer im Magen. Rolands Freunde finden, dass er auf dem Holzweg ist: Er wollte es einfach machen, doch es wird kompliziert. Der Meister hat sich da selbst keine Illusionen gemacht: »Diese Artikel sind für ihn sehr bald zu einer Strafarbeit geworden«, versichert ein Schüler. Nach drei Monaten wirft er das Handtuch. Ein Vorwand ist bald gefunden: Er beginnt gerade mit der Abfassung seines letzten Buches, *Die helle Kammer*. Roland kündigt den Lesern des *Nouvel Observateur* an, dass er eine »Pause« einlegen wird. Der Ausdruck ist irreführend, in Wahrheit verlässt er seinen Posten.

Egal wie elegant er sich auch aus der Affäre zog, in Wirklichkeit ist er nicht über die Kritik hinweggekommen, die ihm überall dezent entgegengeschlagen ist: »Ihre Kolumnen sind weniger gelungene ›Mythologien‹.« Bei seiner Erwiderung gerät er ins Theoretisieren: »Es handelt sich nicht um ›Mythologien‹, sondern um die Aufzeichnung einiger Vorkommnisse, die sich, im Laufe der Woche, meinem Empfindungsvermögen einprägen. Warum ich das Geringfügige, Flüchtige, Unbedeutende berücksichtige? Einfach deshalb, weil es nebensächliche Ereignisse gibt.«

Das Problem besteht darin, dass er keine den Leser ansprechende Schreibweise gefunden hat:»Die Schwäche ist, dass ich mich bei jedem berichteten Vorgang angespornt fühle, ihm einen moralischen, sozialen oder ästhetischen Sinn zu verleihen; diese Kolumnen neigen beständig dazu, Moralgeschichten zu sein, und damit bin ich unzufrieden.« Im Nachhinein meint Jean-Paul Enthoven, das Experiment sei zum Scheitern verurteilt gewesen: »Es war unmöglich geworden, ›Mythologien‹ zu verfassen. In den 1950er-Jahren hatte das Sinn gemacht, in den 1970er-Jahren wirkte man als Autor damit bloß affektiert.«

Die Kolumne im *Nouvel Observateur* enthüllt Rolands chronische Unfähigkeit, Bitten zu widerstehen. »Ein Nein fand keinen Eingang in seine Rhetorik«, hat Sollers einmal gesagt. Halb freiwillig hat er sich von der Belegschaft der Wochenzeitschrift und von seinen Freunden zum Schreiben einspannen lassen. Sie hofften, er fände dort das Material, um sich aus dem Sumpf zu ziehen nach dem schleichenden, auf Mams Tod folgenden Stillstand.

Der Meister und Jean-Paul Enthoven fahren trotzdem fort, regelmäßig gemeinsam im La Coupole zu Mittag zu essen. Der Schatten der Kolumnen steht nicht mehr zwischen ihnen. Sie lachen zusammen. Der Meister hat nie Geschmack an lustigen Geschichten gefunden. Aber er weiß Menschen, die ihn unterhalten, zu schätzen. Jean-Paul Enthoven erinnert sich an Aphorismen, die seinem Tischgenossen Freude bereiteten: »Die Psychoanalyse ist eine Krankheit, die sich für ein Heilmittel hält.« Oder auch: »Der Teufel ist ein ziemlicher Optimist, wenn er glaubt, dass er die Menschen schlechter machen kann, als sie bereits sind.« Jean-Paul Enthoven sieht in dem Meister die

»Reinkarnation von Gide, zuzüglich der Güte: denselben Geschmack an einem gepflegten Äußeren, dieselbe sinnliche Ausschweifung. Er lachte laut auf, als ich ihn daran erinnerte, was Gide einem arabischen Jüngling während eines Aufenthalts im Maghreb gesagt hatte: Du hast mit einem großen französischen Schriftsteller geschlafen«.

Ein anderer, von Roland geschätzter Aphorismus: »Ein Leben ist dann erfolgreich, wenn man bis zum Alter von 25 Jahren eine Frau, bis zu dem von 50 ein siegreicher General und dann ein einflussreicher Prälat ist.« »Barthes war«, so Jean-Paul Enthoven, »ein einflussreicher Prälat, eine Proust'sche Gestalt.« Ein »einflussreicher Prälat«, dem es nicht gelungen ist, mit seinen Kolumnen Eindruck zu machen, eine »Proust'sche Gestalt«, die sich danach verzehrt, in Prousts Fußstapfen zu treten.

17 Schluss mit der Tretmühle

Der Meister sieht klar genug, um sich zu fragen, wie seine Hörer im Collège de France wohl eine derart eigentümliche Vorlesung aufnehmen: Ich, Roland Barthes, verliere Mam und bin beseelt vom brennenden Wunsch, ihr Andenken zu ehren ... Am 16. Dezember stellt er (sich) die Frage:»Interessiert Sie diese Vorlesung?« Seine Antwort entbehrt nicht eines gewissen gesunden Menschverstands:»Meine Hoffnung beruht auf einer persönlichen Erfahrung: Ich langweile mich nie, wenn die Leute von ihrem Beruf reden, welcher es auch sei. Unglücklicherweise glauben sie die meiste Zeit, dazu verpflichtet zu sein, sich allgemein über kulturelle Banalitäten unterhalten zu müssen.«

Hier spricht ein eingefleischter Kenner der Langeweile: Wenn ihn die Beschäftigung anderer interessiert, dann müssen sich seine Hörer auch dafür interessieren, wie er das Metier des Romanschriftstellers erörtert. Auf alle Fälle, bemüht er sich zu präzisieren,»ist eine Vorlesung keine Darbietung und man darf nicht dorthin gehen wie in eine Theatervorstellung, die begeistert oder enttäuscht.« Er kennt die Vorwürfe, die ihm gemacht werden:»übersteigertes Ichgefühl, Narzissmus.« Aber er räumt Folgendes ein:»Überdruss der Wiederholung. Was? Ich soll bis zu meinem Tod Artikel schreiben, Vorlesungen halten, Vorträge ... Meine Zukunft als einen tagtäglichen Trott ansehen ... Mit dieser Tretmühle muss jetzt Schluss sein.« Just in dem Augenblick, in dem seine erste Kolumne im *Nouvel Observateur* erscheint, erklärt er, das Schreiben von Artikeln satt zu haben. Roland ist widersprüchlicher denn je.

Die Vorlesung über das Neutrum aus dem Vorjahr scheint ihm Teil eines anderen Lebens zu sein: »Ich habe auf ihre Veröffentlichung verzichtet: Es hätte bedeutet, sich mit der Vergangenheit zu befassen. Und die Zeit drängt die Zeit, wir müssen wandeln, dieweil wir Licht haben.« Wandeln, dieweil wir Licht haben! Ende des Jahres 1978 verbirgt er auf dem Katheder nicht mehr seine Verwirrung, zeigt sich »unter dem Einfluss gewisser Verheerungen«, versichert, »gegen ein fortschreitendes Versanden anzukämpfen«. Er will nicht »als Lebender die Schwelle des Todes überschreiten«, gibt als Beispiel Jacques Brel an, der, als er wusste, dass er dem Tod geweiht war, sein Leben änderte. Und er berichtet seinen Hörern von seiner Verblendung vom Frühjahr, in Casablanca, von seiner Entscheidung, die Vorlesung in den Dienst der »Romanfantasie« zu stellen.

Er wird deutlicher mit Blick auf seine letzten Werke: »Ich habe oft mit dem Romanhaften geflirtet, aber das Romanhafte ist nicht der Roman, und das ist genau die Schwelle, die ich überschreiten möchte.« Seit seiner Reise nach New York ist ihm bewusst geworden, welches Risiko es bedeutet, das Fell des Bären in aller Öffentlichkeit zu verkaufen: »Werde ich wirklich einen Roman schreiben? Ich werde so tun als ob ... Man sagt mir: Enorme Gefahr, es anzukündigen ... zu früh davon zu sprechen, beschwört das Unglück herauf. [...] Für gewöhnlich«, fährt er fort, »nehme ich diese Gefahr sehr ernst, ich verkneife mir stets, von dem Buch zu sprechen, das ich plane. Warum bloß diesmal nicht?« Antwort: Er hat »nichts mehr zu verlieren«. Man hat den Humor als die »Höflichkeit der Verzweiflung« bezeichnet. Gegen Ende seines Lebens hat dieser ungezähmte Wille, einen Roman schreiben zu wollen, für Roland die Höflichkeit seiner Verzweiflung dargestellt.

Von Mam zu sprechen, ist dennoch sein Begehren, aber er möchte nicht *Das Buch [seiner] Mutter* schreiben, wie zur gleichen Zeit Albert Cohen. Er will einen totalen Roman schreiben.

Mam soll dennoch das ganze Werk überstrahlen. Auch darin bezieht er sich auf Proust: »In *Auf der Suche nach der verlorenen Zeit* gibt es eine ganze Reihe von Personen, aber nur eine einzige GESTALT: die MUTTER-GROSSMUTTER.« In einer der folgenden Wochen erklärt er, diejenigen »unsterblich machen« zu wollen, die man liebe, bedeute nicht, »sie in den Mittelpunkt zu stellen: Es sind die Orte der Liebe, die anziehen.«

Als er weiß, was für ein Buch er schreiben will, entsteht ein neues Problem: Wie soll er es schreiben? Am 16. Dezember fragt er sich einen Moment lang, ob es möglich ist, einen »Fragment-Roman zu erschaffen«. »Bestimmt gibt es so etwas«, merkt er an. Aber er bezweifelt, dass eine solche Konstruktion trägt. Er muss daher sein »Verhältnis zum Schreiben ändern«. Was in seinen Augen nicht heißt, das »Subjekt zu verändern«. Er zögert nicht, »seine Impotenz zur Schau zu stellen«, und fragt sich vor den Hörern des Collège, ob diese Fragmentierung des »Subjekts« nicht »eine gewisse Beziehung zur Kastration« habe. Roland stellt in aller Öffentlichkeit folgende Gleichung auf: fragmentiertes Subjekt = kastriertes Subjekt. Es fällt schwer, hierin nicht die Anspielung auf eine verhinderte Sexualität zu sehen. Verhindert durch die Allgegenwart Mams.

Er hat sich gern kurz gefasst, mag das Fragment, weil er das »Vergnügen, anzufangen und zum Ende zu kommen«, zu schätzen weiß. »Wenn man viele Fragmente schafft, vervielfältigt man dieses Vergnügen«. Er muss nun das Vergnügen erkunden, fortzufahren, dabeizubleiben, zu erweitern. Es ist nicht einfach, mit 63 Jahren aus seiner Haut zu schlüpfen... Glücklicherweise hat er ein Vorbild. Vor seinen Hörern erklärt er (und wiederholt es weitschweifig in Interviews): »Ein typisch Proust'sches Problem ist, dass Proust die Hälfte seines Lebens nur Fragmente zuwege gebracht hat, und dass er sich 1909 plötzlich darangesetzt hat, diesen ausufernden Strom, der *Auf der Suche nach der verlorenen Zeit* ist, zu erschaffen.«

Ein Mann liegt mit sich selbst im Wettstreit. Aber der Kurs ist klar: denselben Weg wie der Autor von *Auf der Suche nach der verlorenen Zeit* einzuschlagen. »Gegen Ende seines Lebens wandte er sich mehr und mehr Proust zu«, hat Sollers betont. Nicht dem Werk, sondern seiner Vorbereitung. »Mehr und mehr«, erklärt der Meister, »haben wir begonnen, nicht Proust, sondern Marcel zu mögen, dieses einzigartige Wesen, zugleich Kind und Erwachsener, puer senilis, leidenschaftlich und weise, Opfer exzentrischer Manien.« In New York hatte er seinen Vortrag »Proust und ich« betitelt. »Marcel und ich« hätte seinem Geisteszustand eher entsprochen.

Im Verlauf der Monate, vor den Hörern im Collège, zerpflückt Roland die »Exzentrizitäten« von Marcel: seine Art zu Essen, seine Weise, sich für das Schreiben zu kleiden, die Medikamente, die er einnahm, um es durchzustehen. Verzweifelt sucht er nach dem Geheimnis des Schaffensprozesses.

18 Philippe und Bernard

Roland und Philippe. Philippe und Roland. Es wäre übertrieben, die Freundschaft des Meisters mit Sollers mit der von Montaigne und La Boétie zu vergleichen. Die beiden Männer haben sich jedoch nicht weniger häufig getroffen, regelmäßig aßen sie zusammen zu Abend. Sie trafen sich im La Coupole auf ein Glas, bevor sie sich gemeinsam in ein Restaurant in Montparnasse begaben, ins Falstaff oder ins Dôme.

»Wir sprachen über das, woran wir gerade schrieben, wir setzten einen Punkt unter einen Monat Arbeit.« In *Femmes* hat Philippe Sollers diese Abende geheimen Einverständnisses heraufbeschworen, an denen der Meister »seine für nach dem Essen bestimmte Zigarre hervorzog, elegant und schlicht, glücklich, jemanden zu treffen, den er mochte und der ihn mochte«. Ihre Beziehung war umso enger, hatte sie doch eine privilegierte Augenzeugin, nämlich Julia Kristeva, die Sollers kennengelernt hatte, nachdem sie eine hingerissene Schülerin des Meisters gewesen war. »Sollers und Kristeva umgaben Barthes, der in ihnen eine Art Kinderpaar hatte«, bestätigt ein Verleger.

Die Houëlianer hatten nur wenig Verständnis für die Milde ihres Freundes mit jemandem, der in ihren Augen kein richtiger Schriftsteller war. Die beiden Männer waren, das ist wahr, sehr verschieden. Außer dem deutlichen Altersunterschied – mehr als 25 Jahre – war der Meister so bescheiden und peinlich genau, wie Sollers ohne Mühe rasch und selbstzufrieden ist. Aber niemals hat Roland toleriert, dass man Sollers in seiner

Gegenwart kritisiert. »Wenn seine Freund schlecht über ihn sprachen, missfiel ihm das sehr«, bezeugt der kleine Bruder. Ein Filmemacher erinnert sich an eine denkwürdige Zurechtweisung, weil er die Regel in der Rue Nicolas-Houël brach. Er hatte sich darüber mokiert, dass Sollers, nachdem er ein Lobsänger des Maoismus gewesen, proamerikanisch geworden war. Rot vor Zorn hat der Meister den Unverschämten zum Schweigen gebracht. »Bewunderst du Sollers wirklich?«, wagte ein Houëlianer bei einem anderen Abendessen zu fragen. »Das ist jemand, der sehr intelligent ist«, hat der Meister erwidert.

Ihre Freundschaft war nicht ohne Hintergedanken. In einer in Clans aufgeteilten Literaturwelt muss man sich Verbündete schaffen. »Sie tauschten Informationen von Großmacht zu Großmacht aus«, meint François, der befreundete Verleger. Selbst Mam, die Sollers nicht besonders mochte, wurde eines Tages ein Befehl erteilt: »Es wäre mir lieb, wenn du dich bei ihm zurückhältst.« Was der Meister allerdings am meisten an seinem Freund schätzte, war das Gespräch: In seinen Augen handhabe Sollers das Französische besser als jeder andere. Ein Linguist versichert: »Roland hat sich ein wenig dazu zwingen müssen, ihn genial zu finden, aber er war von seiner Lebhaftigkeit fasziniert.« Das Zusammensein mit diesem Freund bereitete ihm Freude. »Wir haben viel gelacht«, bestätigt Sollers. Das war für Roland unbezahlbar.

Aber bezahlen musste er doch dafür: Im Frühjahr 1979 tritt der Meister unversehens mit einem *Sollers écrivain* betitelten Büchlein an die Öffentlichkeit. Um den Grund für diese unerwartete Veröffentlichung nachvollziehen zu können, müssen wir auf das Kolloquium von Cerisy im Juni 1977 zurückkommen. Sollers übernahm damals die Rolle des Großen Abwesenden. Fast als einziger der intimen Freunde sah er von der Reise ab. »Antoine, der Organisator, ist nicht besonders freundlich mit ihm umgegangen«, versichert ein Houëlianer. »Er hat sich nicht unter einen Haufen feindseliger Barthesianer begeben wollen«, bestätigt Antoine. »Roland hatte Schotten zwischen seinen Freunden angebracht«, erklärt Sollers. Die rauen Umgangsformen von Antoine ließen ihn das Schlimmste befürchten. Er zog es vor zu verzichten.

So wurde Alain Robbe-Grillet zum unumstrittenen Star in Cerisy, trotz oder gerade wegen des Wirbels, den er hervorrief. Umso mehr, als er, ohne das Einverständnis des Meisters, der sich ein wenig ausgenutzt fühlte, rasch den Text seiner Lobrede unter dem Titel *Pourquoi j'aime Barthes* erscheinen ließ. Ein Houëlianer berichtet: »Roland geschah der regelrechte Wutanfall von Sollers recht«, der es ganz besonders schlecht ertrug, feststellen zu müssen, dass Robbe-Grillet in Cerisy über die geringe Zahl von Lesern von *Tel Quel* (der von Sollers herausgegebenen Zeitschrift) gelästert hatte, ohne dass der Meister, der regelmäßig dort veröffentlicht, reagiert hätte. Derselbe Houëlianer fährt fort: »Als Wiedergutmachung hat Sollers von Roland gefordert, die Artikel, die er ihm gewidmet hatte, in einem Buch zu vereinen.« »Philippe kannte also einen Ausweg«, bestätigt einer der Direktoren von Seuil, ihrer beider Verlag. »Er ist wegen des Fortgangs seiner Karriere in großer Sorge gewesen. Er hat Roland nahegelegt, ihm zu helfen, um sie wiederzubeleben.«

Mehrere Monate lang ist Sollers beharrlich. Als ob es noch eines Belegs für seine überaus schlechten Beziehungen zu den Houëlianern bedürfte: Einer von ihnen geht sogar so weit zu behaupten, er habe dem Meister gedroht, dessen Homosexualität seiner Mutter zu enthüllen, um sein Anliegen durchzusetzen. Das ist nicht wahr, denn Mam ist zu dieser Zeit bereits tot, aber die Houëlianer versichern, dass Sollers Roland regelrecht erpresst habe, und das nicht nur seelisch.

Der Meister möchte seine Ruhe haben. Als das Werk Anfang 1979 erscheint, ist er schlecht gelaunt. Normalerweise, wenn eines seiner Bücher erscheint, »strahlte er vor Freude, ganz und gar narzisstisch«, bestätigt der andere Roland, der so sehr Geliebte. Diesmal nicht. Constance, eine Freundin des anderen Roland und Pressereferentin bei Seuil, erinnert sich an die Entgegnung Roland Barthes', als ihn ein Angestellter des Verlagshauses fragt, ob es nicht langweilig sei, die Pressearbeit für dieses Buch zu unterstützen: »Das ist kein Buch.« »Roland war verstimmt, weil er das Gefühl hatte, Sollers habe ihn zu etwas gezwungen«, bestätigt Philippe, der befreundete Botschafter. »Sollers jagte ihm ein wenig Angst ein; er machte sich Vorwürfe, dieses Buch veröffentlicht zu haben«, versichert ein Houëlianer. »Es war ein Abfallprodukt seiner Zuneigung für Sollers«, meint ein Kollege vom Collège. »Der Titel *Sollers écrivain* war ironisch«, lässt seinerseits François, der befreundete Verleger, einfließen. »Für uns, seine Freunde, war Roland der wahre Schriftsteller.«

Philippe und Roland setzten ihre Abendessen nicht fort. In dem gleichzeitig zartfühlenden und grausamen Porträt, das er von seinem Freund in *Femmes* zeichnete, hat Sollers betont, wie sehr es mit der Gemütsstimmung des Meisters gegen Ende seines Lebens bergab ging: »Früher drehte sich das Gespräch um die Literatur ... Aber jetzt waren es mehr und mehr die Intrigen von X oder Y ... Er ließ sich über die Schwierigkeiten mit Jungs aus, das war seine Schwäche, das hat immer mehr an Bedeutung gewonnen ... Er dachte an nichts anderes mehr, während er von einem Bruch träumte, von den zu schreibenden Büchern.« Der Meister, so fügt er hinzu, »war zu intelligent und klarsichtig, um sich nicht der Sinnlosigkeit dieses Räderwerks bewusst zu sein. Aber der Geschmack am schnellen Spaß, zu spät entdeckt, war stärker. Unter diesem Widerspruch litt er.«

Sollers, der triumphierende Hetero, hat das Gefühl, dass sich sein Freund verzehrt: »Viele Homosexuelle haben mir denselben seltsamen Eindruck vermittelt, innerlich zerfressen zu werden, schon vor ihrer Zeit auf ein Dasein als Gespenst reduziert zu sein ... Das war in der letzten Zeit deutlich spürbar: etwas mehr und mehr Brüchiges, Durchscheinendes, Kraftloses ... Obwohl er sich sehr zusammengerissen hat, war der Vorgang dennoch jeden Augenblick erkennbar, hörbar ... Eine narzisstische Überreizung; ein seiner Erzählungen beraubter Exhibitionismus.«

Roland hat noch ein Jahr zu leben. Sollers zufolge »konnte er nicht mehr. Alles langweilte ihn, ermüdete ihn mehr und mehr, widerte ihn an: die von den einen erhobenen Ansprüche, die dringenden Bitten der anderen.« Dabei hat er nicht seine eigene Forderung im Auge, ein Buch zu seiner Verherrlichung zu schreiben, sondern die »belastende Dummheit von Jünglingen, die ohne Unterlass forderten, unterstützt, bemuttert, protegiert zu werden ... Was für ein hoher Preis für ein paar angenehme Momente (und mehr) ... Anrufe, Briefe, Verwendungen...«. »Man schlief mit Barthes, um ein Vorwort zu bekommen«, bekräftigt der ehemalige Leiter eines Literaturverlages. »In diesem Spiel der Resignation war er eine Art Heiliger wider Willen geworden«, lautet Sollers' Fazit.

Gegen Ende seines Lebens hat der Meister dieselben Beziehungen – gleichermaßen freundschaftlicher wie gesellschaftlicher Natur – zu einer anderen aufsteigenden Größe der literarischen Welt unterhalten, zu Bernard-Henri Lévy. Auch das irritierte seine Freunde: »Warum diese freundschaftliche Beziehung?«, wurde Roland eines Tages von einem Schüler gefragt. Antwort: »Warum sollte ich keine freundschaftliche Beziehung mit jemanden unterhalten, der mich versteht?« »Was das Interesse von Bernard-Henri Lévy für ihn anging, da machte sich Roland keine Illusionen«, fügt dieser Schüler hinzu. Aber er akzeptierte es, für Bernard-Henri Lévy sowie für Sollers einzustehen, da er ihre Gesellschaft und ihre Intelligenz zu schätzen wusste.

Bernard-Henri Lévy, der deutlich jünger ist als Sollers, dringt erst spät in Barthes' Universum vor. Die beiden Männer aßen oft im Récamier zu Mittag, an dem runden Tisch links vom Eingang, wobei Bernard-Henri Lévy bestimmte Dinge gewöhnt war: »Wir sprachen von Nichtigkeiten«, versichert der Autor von *Barbarei mit menschlichem Gesicht*. Zum Beispiel über Aragons Wandlung zum Verführer der Jugend, »das machte Barthes Spaß«; oder über den *Nouvel Observateur*, wo Bernard-Henri Lévy sich gut auskannte: »Er hat mich gefragt, worauf der Einfluss von Jean Daniel beruhe.«

Bernard-Henri Lévy erinnert sich an einen »extrem melancholischen« Mann, »einen der melancholischsten«, den er »jemals getroffen habe. Aber ohne Bitterkeit, wohlwollend. In der Absicht, sich aufzumuntern, sich abzulenken, schloss er Freundschaften: Er hungerte nach Leben.« Auch wenn der Meister Treffen unter vier Augen vorzieht, nimmt er Einladungen zu Abendessen bei Bernard-Henri Lévy an. Zum Beispiel eines zusammen mit Jean-Paul Aron, dem »anderen Kahlkopf«, was Bezug auf Michel Foucault nimmt. Aron macht den beiden Professoren des Collège de France, die er als »Dörrpflaumen« bezeichnet, einen heftigen Vorwurf: »Ihr vergattert das Leben in Strukturen«, wirft er ihnen unter Anspielung auf die Mode des Strukturalismus vor. Roland verteidigt sich nur schwach. In dieser Spätphase seines Lebens ist es nicht ausgeschlossen, dass er Aron recht gibt: »Du hast Glück, du hast dir das Leben ausgesucht, so wie ich mir das Denken«, hat er eines Tages Jean-François Bannier gesagt, dem Prominenten-Fotograf, dem er in der Rue Servandoni Nachbarschaftsbesuche abstattet.

Bei Bernard-Henri Lévy läuft Roland auch François Mitterand über den Weg, den er am Tag seines Unfalls wiedertreffen soll. An jenem Abend ist es der Meister, der zum Provokateur wird. Mitterand, der damals noch der Vorsitzende der

Sozialistischen Partei ist, lobt Michelet in den Himmel. Aber er lobt den akademischen Michelet, den Lobsänger des französischen Volkes. Roland hat ein teuflisches Vergnügen daran, den späten, problematischeren Michelet zu beschreiben: Eine »Hexe«, die sich damit befasste, »in den Scheißhäusern die Exkremente seiner Frau zu begutachten«. Mitterand ist geschockt, dass sein Idol dergestalt auseinandergenommen wird.

Bernard-Henri Lévy erinnert sich noch an ein anderes Essen mit einem jungen schwulen Autor, für den ebenfalls noch eine Stunde des Ruhmes kommen sollte, Guy Hocquenghem. Bei dieser Gelegenheit macht sich der Meister »ans Verführen, möchte wieder jung sein«. Ohne Zweifel, er kann Gefallen an diesen literarischen Abendessen finden. Er schickt Bernard-Henri Lévy kleine Botschaften zum Geburtstag, weiß seine damalige Frau zu schätzen und ist sogar bei der Beschneidung ihres Sohnes anwesend. Roland und Bernard, Roland und Philippe – wahre Freunde.

19 Mams Kammer

Auf dem Katheder hat er die Wiedervereinigung des »Subjekts« verkündet. Doch dahin muss man erst einmal gelangen ... Im ersten Trimester des Jahres 1979 lässt er seine engen Freunde wissen, er versuche, »etliche Texte und überfällige Aufgaben abzuschließen«, um sich »etwas Wichtigerem« zu widmen. Aber so sehr er sich auch beeilt, er kommt nicht zum Schluss. Philippe, dem Freund und Botschafter, vertraut er an: »Die ganzen letzten Monate habe ich darunter gelitten, dass unaufhörlich ›zu erledigende Sachen‹ dazwischenkamen, was die ganze Zeit über meine persönliche Arbeit unmöglich machte.«

Ende März sagt er Halt. Befreit von der Vorlesung, die ein ganzes Trimester lang dauerte, ohne Verpflichtungen dem *Nouvel Observateur* gegenüber, stürzt er sich in »etwas dem Herzen Näherliegendes« und verzichtet darauf, nach Tunis zu fahren: »Eine tiefsitzende, hartnäckige Erkältung hindert mich daran abzureisen«, erklärt er Philippe. Was gibt es denn nun so Wichtiges zu schreiben? Seinen Roman? Er spricht zu viel davon, um bereit dafür zu sein. Was also dann? Bestimmt ein Auftrag! Man ändert sich mit über 60 Jahren nicht mehr. Etliche seiner Schriften sind Auftragswerke: »Ich muss und will für die *Cahiers du cinéma* tätig werden, die eine Buchreihe mit einem kurzen Text über das Foto eröffnen wollen.«

Ein Text über das Foto! Der alte Barthes, der Spaß daran hat, Abhandlungen über Modethemen zu verfassen, ist noch nicht ganz tot: Das Foto ist damals eine aufstrebende Kunstform und er interessiert sich dafür ... herzlich wenig. »Er hat das Buch anhand zuvor bereits im *Nouvel Observateur* veröffentlichter Fotos verfasst«, versichert ein Freund. »Er kannte die großen Fotografen kaum«, bekräftigt eine der Betreuerinnen der Reihe bei Seuil, »denn er mochte ausschließlich Familienfotos.« Daraus kann man völlig zurecht schließen, dass er das Foto dem Kino vorzog. »Ich erinnere mich an seine Bemerkung über einen der ersten Filme von Téchiné, *Barroco*«, erzählt ein Houëlianer. »Er hat mir gesagt: ›Das ist nicht schlecht, nur schade, dass es sich bewegt.‹«

Noch bevor er sich an die Niederschrift machte, kam es deswegen zu einem Kräftemessen unter den Freunden des Meisters, zu einer, um seinen Ausdruck zu gebrauchen, »Störung im Netz«. Die *Cahiers du cinéma* hatten ein Vertriebsabkommen mit dem Verlag Gallimard. Nun bedauerte der Meister eines wirklich: Seit *Am Nullpunkt der Schrift* in den 1950er-Jahren von Gallimard abgelehnt worden war, war keines seiner Bücher in diesem prestigereichen Haus erschienen. Er ist folglich nicht abgeneigt, Seuil untreu zu werden, um mit Gallimard ein uneheliches Kind zu zeugen.

Aber François, der für gewöhnlich seine Werke verlegt, ist auf diesem Ohr taub. Er sieht diesen Seitensprung als Fahnenflucht an. Dieser Konflikt macht auf seinem Höhepunkt ein Treffen in einem Bistro in Saint-Germain erforderlich. Die Freunde des Meisters einigen sich auf einen Kompromiss: Das Buch wird gemeinsam von den *Cahiers du cinéma* und dem Verlag Le Seuil herausgegeben. Damit wird das uneheliche Kind beiderseits legitimiert. Uff! Nun ist die Barthes-Gemeinde wiedervereint!

Ende März 1979 macht er sich also ans Werk ... An sein Buch über das Foto? Streng genommen handelt es sich um eine Irreführung. »Der Text, so wie er mir jetzt vorschwebt«, vertraut er Philippe an, »ist ursächlich mit den Bildern von Mama verknüpft.« Mit den Bildern ... In Wahrheit möchte er im Wesentlichen das Foto beschwören, das ihn verfolgt, seit er es entdeckt hat: Das Foto seiner Mutter als Kind im Wintergarten. Dass das eigentliche Thema des Buches Mam sein soll, ist keine Überraschung. Aber man erwartet sie als »Gestalt« seines »totalen Romans«. Wie erklärt es sich da, dass sie sich unvermutet selbst in den zweiten Abschnitt eines kleinen Sachbuchs einlädt?

Roland spürt, er altert: Er hat Angst, er könne sterben, ohne Mam »gesagt« zu haben. Er zitiert das Evangelium: »Wandelt, dieweil ihr das Licht habt«. Noch hat er Licht, aber wie lange noch? Philippe ist er noch nie so ausgelaugt vorgekommen wie jetzt. Und plötzlich hat er doch Lust, ihn in Tunis wiederzutreffen. Eine kurze Zeit lang denkt Roland daran, »einige Pausentage« zwischen der Vorbereitung des Buches und seiner Niederschrift einzulegen. »Aber das lässt sich im Voraus nur schwer festlegen«, erklärt er seinem Freund und fügt hinzu: »umso schwerer, da die Flugzeuge die Osterferien über zum Bersten voll sein werden.« Und er bittet Philippe, ihm »diese ein wenig neurotischen Ausflüchte zu vergeben«.

Der erste Teil von *Die helle Kammer,* seinem letzten Buch, beginnt mit einer Anekdote im Stil von Proust: »Eines Tages, es ist bereits lange her, stieß ich auf eine Fotografie des jüngsten Bruders von Napoleon, Jérôme. Ich sagte mir damals mit einem Erstaunen, das ich seither niemals wieder loswerden konnte: ›Ich sehe die Augen, die den Kaiser gesehen haben.‹ Ich sprach hin und wieder von diesem Erstaunen, als mir aber niemand daran teilzuhaben, ja mich noch nicht einmal zu verstehen schien (das Leben setzt sich dergestalt aus beständigen kleinen Einsamkeiten zusammen), vergaß ich es. Mein Interesse am Foto nahm eine Wendung ins Kulturelle.«

Eine Wendung ins Kulturelle. Bei dem späten Barthes bedeutet das einen Schauer von Neologismen. Trotz der ihm gewidmeten Schmähschriften, trotz seines Wunsches, lesbar zu werden, bleibt er sich treu. Inklusive – von Zeit zu Zeit – eines der Umgangssprache entlehnten Wortes. Angesichts der Klischees empfindet er das Erstaunen über das »Es ist so gewesen«. Die Theorie wird mit Vergnügen revolutioniert. Er ist sich dessen bewusst: »Ich kenne die Kritiker: Was, ein ganzes Buch (auch wenn es kurz ist), um das zu entdecken, was ich auf den ersten Blick erkenne? Ja, aber eine solche Offensichtlichkeit kann dem Wahnsinn verschwistert sein.«

Mit der Einführung Mams und der Wintergarten-Fotografie im zweiten Teil, ist der Wahnsinn tatsächlich nicht fern: »Ich habe die ›wahre, totale Fotografie‹ gefunden, die die unerhörte Verknüpfung von Wirklichkeit (Es ist so gewesen) und Wahrheit (Das ist es) vollbringt. Sie nähert sich mithin dem Wahnsinn an, wird zur ›wahnsinnigen Wahrheit‹.« Allem Anschein nach ist Roland vor diesem Foto ins Schwärmen geraten. »Im ersten Moment habe ich ausgerufen: ›Das ist sie! Das ist sie wirklich! Das ist endlich sie!‹« Und dann wollte er wissen, »woran es lag, dass sie es ist«. »Naiverweise«, wie er selbst zugibt, hat er ein Labor beauftragt, »dieses Gesicht zu vergrößern, um seine Wahrheit besser erkennen, besser verstehen zu können. Ich glaube, dass ich, wenn ich das Einzelne stufenweise vergrößern lasse, schließlich zu dem Wesen meiner Mutter vordringen werde.«

Das Wesen von Mam, das sucht er. »Aber ach, ich kann es lange unter die Lupe nehmen, ich entdecke nichts: Wenn ich es vergrößern lasse, ist da nichts anderes als die Körnung des Papiers: Ich habe das Bild zugunsten der Materie zum Verschwinden gebracht.« Einige seiner Freunde haben die Existenz dieses sagenhaften Fotos in Zweifel gezogen. Roland habe es erfunden. Sicher ist, dass er Abstand davon genommen hat, es zu veröffentlichen, obgleich *Die helle Kammer* Fotos enthält: »Ich kann sie nicht zeigen«, rechtfertigt er sich, »sie existiert nur für mich allein. Für Sie wäre sie nichts anderes als eine der tausend Gestaltwerdungen von ›irgendjemand‹.«

Keine Frage, Mam wird nicht zu »irgendjemand« erniedrigt. Es ist anderthalb Jahre her, dass sie gestorben ist. Verblüffend ist jedoch, dass, wenn man *Die helle Kammer* liest, der Schmerz des Meisters unverändert geblieben ist. Er gibt das unverblümt zu: »Man sagt, die Trauer lindere durch ihre fortwährende Wirkung allmählich den Schmerz. Das kann ich nicht glauben. Bei mir tilgt die Zeit das Gefühl des Verlusts (ich weine nicht mehr), das ist alles. Für mich ist alles unverändert geblieben.«

Nach sechs Wochen ist das Buch fertig, Mam ist auf die Welt gekommen. Und endlich gestattet er sich zu verreisen, nach Saloniki. »Sonne, Hitze, zu den Mahlzeiten ein wenig leer«, schreibt er Dr. L. Roland schickt von Reisen gern Postkarten an seine Freunde. Seine längste Postkarte, an alle, an enge Freunde und Unbekannte gerichtet, ist jedoch jener zweite Teil von *Die helle Kammer*, jener Verzweiflungsschrei angesichts von Mams Verlust: »Was ich verloren habe, ist nicht das Unentbehrliche, es ist das Unersetzliche.«

Schade nur, dass er nicht gewagt hat, sich von seinem theoretischen Instrumentarium zu befreien. In *Die helle Kammer* ist Mams Porträt nur eine Skizze. Es mangelte ihm zu sehr an Selbstgefühl, um seiner autobiografischen Neigung nachzugeben: Auch in seinem letzten Buch hat er »seine Wissenschaft angewandt«. Diese allzu helle, unbeständige *Kammer* belegt dennoch, dass Mam seine wahre Liebe gewesen ist. Eines Abends vergnügen sich die Gäste in der Rue Nicolas-Houël damit, Aphorismen umzukehren. Da er immer wieder gern den Ausspruch von Hobbes zitiert, dass »die einzige Leidenschaft meines Lebens, die Angst gewesen ist«, sagt Roland: »Die einzige Angst meines Lebens ist die Leidenschaft gewesen.« Der Leidenschaft zu erliegen hätte geheißen, Mam zu verraten.

20 Der Aufreißer vom Flore

Im Frühling des Jahres 1979 schreibt er jeden Morgen an dem, was *Die helle Kammer* werden sollte. Am späten Nachmittag verlässt er jedoch auch weiterhin die Rue Servandoni, um Freunde zu treffen und um etwas aufzureißen. Warum hat er sich die Mühe gemacht, seinen Abend vom 24. April aufzuschreiben? Vielleicht weil er gerade ein Werk über die Fotografie verfasst und er an jenem Tag eine Fotoausstellung besucht. Diese vereinzelte Notiz wird im folgenden Winter in *Tel Quel*, der Zeitschrift von Philippe Sollers veröffentlicht. Das erklärt die Züchtigkeit der Erzählung.

Hier also, ausführlich wiedergegeben, ein Abend des Meisters, weniger als ein Jahr vor seinem Tod. »Vergeblicher Abend«, warnt er gleich anfangs. In der Tat nicht sehr lustig. Es beginnt mit einem Bus, dem 58er, »eben noch erreicht«, zur Pont Neuf. Roland war ein regelmäßiger Nutzer der RATP, der Pariser Verkehrsbetriebe, deren Liniennetz er in- und auswendig kannte. Anzeichen für einen nur relativen finanziellen Wohlstand, aber auch für einen dezidierten Sinn für die Beförderung im Allgemeinen. In der Metro oder im Autobus fühlte sich dieser unverbesserliche Voyeur wie im Theater und zückte oft sein Notizbuch, um amüsante kleine Vorfälle zu notieren. Er hat erzählt, dass er eines Tages in einem Waggon von einem skandalösen Vorgang überrascht wurde: einem strickenden Mann. Seine Nachbarn hatten sich alle abgewandt.

»Weil ich zu früh war, bin ich ein wenig den Quai de la Mégisserie entlanggebummelt.« Roland war stets zu früh. Das war eine krankhafte Angewohnheit. Doch genauer genommen war es für ihn eine Ehrensache, pünktlich zu sein, und daher rechnete er einen Spielraum ein, für den Fall, dass etwas Unvorhergesehenes geschehen sollte. Am Quai de la Mégisserie werden Tiere verkauft. »Als die Läden geschlossen wurden, habe ich durch die Tür zwei kleine Hunde gesehen, der eine neckt aus Spaß den anderen, der ihn auf eine sehr menschliche Weise abschüttelt; einmal mehr möchte ich einen Hund haben.« Ganz gewiss brauchte er jemanden in seiner Nähe, um seine Einsamkeit ertragen zu können. Der kleine Bruder hatte früher einen Hund gehabt, Lux genannt, weil er vor dem Kino gleichen Namens gefunden worden war. Warum hat Roland nie der Versuchung nachgegeben, einen Hund zu haben? Die Schwierigkeit besteht wohl darin, dass ein Haustier auch »versorgt« sein will.

»Da gab es auch Pflanzen; ich sah mich mit Freude und Entsetzen einige kaufen, bevor ich nach Urt zurückkehre, wo ich zu guter Letzt wohnen und nach Paris nur noch für ›Geschäftliches‹ und ›Einkäufe‹ komme werde.« Er mochte sein Pariser Leben nicht mehr: Seine Arbeitsmorgen, seine »Zahnarztnachmittage«, seine »vergeblichen« Abende. Er will in den Südwesten, will nach Urt fliehen, in die Nähe von Mam. Das Problem ist nur, dass diese Aussicht ihm gleichermaßen »Freude und Entsetzen« bereitet. Dort unten könnte er sich zwar gänzlich der Literatur widmen, hätte aber noch stärker das Gefühl, ein lebender Toter zu sein.

»Fotoausstellung: Je älter ich werde, desto öfter habe ich den Mut, zu machen, was mir gefällt, nach einem eiligen Rundgang habe ich mich verdrückt.« Da steht es schwarz auf weiß: Er schreibt ein Buch über das Foto, aber das Foto interessiert nicht wirklich. Am bedeutsamsten ist dieses Geständnis: Das Alter gibt ihm manchmal den Mut, Nein zu sagen. »Ich habe mich auf einen wenig erfolgreichen Streifzug begeben, von Au-

tobus zu Autobus, von Kino zu Kino.« Hier greift die Selbst-
zensur ganz und gar. Im kommenden Sommer wird er ein rich-
tiges Tagebuch führen, das zu seinen Lebzeiten nicht veröffentlicht wird. Dem wird man entnehmen können, worum es bei
seinem nächtlichen »Streifzug« eigentlich geht: Er ist verzweifelt auf der Suche nach Abdou. Wenn er erklärt, dass dieser
Streifzug »wenig erfolgreich« war, heißt das, ihm ist kein Gigolo über den Weg gelaufen.

»Ich war durchgefroren, hatte Angst, eine Bronchitis zu be-
kommen.« Er lebt beständig mit der Angst, seine schwachen
Lungen zu gefährden. Ein alternder Mann, depressiv und lei-
dend, setzt bei der Suche nach einer Schwesterseele und einem
brüderlichen Körper seine Gesundheit aufs Spiel: An diesem
Abend kann man wirklich Mitleid mit Roland haben. »Zum
Abschluss habe ich mich ein wenig im Flore aufgewärmt, wo
ich Eier und ein Glas Bordeaux zu mir nahm.« Was für ein
Glück, dass es das Café Flore gibt! Der Meister ging fast jeden
Tag dorthin: um einen Aperitif zu trinken, auf einen schnel-
len Imbiss oder auf ein letztes Glas. Vor dem Abendessen trank
er einen Portwein oder Sherry. Hinterher einen Wodka. Zum
Abendessen, als Mann aus dem Südwesten, Bordeaux.

Aber ach, an jenem 24. April läuft alles schief, selbst im Flore:
»Schlechter Tag: abgeschmackte und arrogante Gäste, nicht ein
interessantes Gesicht, keines, über das fantasiert oder fabuliert
werden könnte.« Ein Universitätsangestellter, der regelmäßig
Arbeitstreffen mit dem Meister im einige Dutzend Meter ent-
fernten Café Bonparte hatte, merkt an: »Das Flore diente einem
anderen Zweck.« Dort war Roland zu seinem Vergnügen. Voyeur im Palace, Aufreißer im Flore. Im Lauf der Jahre machte
er in diesem Tempel von Saint-Germain-des-Prés zahlreiche
Bekanntschaften. Sich wie zu Hause fühlend, stets denselben
Tisch an der Ecke zur Rue Saint-Benoît einnehmend, zögerte
er nicht, Jungs aufzureißen. Nicht aber die Kellner, mit denen

er auf vertrautem Fuße stand: Als Stammgast hatte er sogar einen Lieblingskellner, »Monsieur Jacques«, der ihn wegen seiner Ähnlichkeit mit Lévi-Strauss faszinierte. Die Jungs, für die er sich im Flore interessierte, waren offenkundig zugängliche junge Männer.

Er hat dort zum Beispiel Renaud Camus kennengelernt. Der Schriftsteller trank zusammen mit einem Freund ein Gläschen. »Wir haben gemerkt, dass er freundlich zu uns herüberschaute.« Es kommt eine Unterhaltung zustande. Die beiden jungen Leute beabsichtigen, in der Cinémathèque einen Film von Andy Warhol anzuschauen. Sie schlagen dem Meister vor, sich ihnen anzuschließen. »Was für eine gute Idee, ich habe heute Abend Zeit.« Und das Trio macht sich mit dem Taxi in Richtung Trocadéro auf.

Daraus entwickelt sich eine dauerhafte Freundschaft. In diesem Frühjahr 1979 steuert der Meister ein Vorwort zu einem »skandalösen« Buch von Renaud Camus bei, *Tricks*, ein sehr gewagter Bericht 50 homosexueller Beziehungen. Das Vorwort beginnt mit einem erstaunlichen Dialog: »Warum haben Sie zugestimmt, dieses Buch mit einem Vorwort zu versehen? – Weil Renaud Camus ein Schriftsteller ist, weil sein Text Literatur ist. Da jedoch das Buch – ganz unverblümt – vom Sex, von der Homosexualität spricht, hätte manch einer womöglich die Literatur übersehen.«

Als Schwuler, der die sanfte Tour bevorzugt, hat der Meister so seine Vorbehalte gegen Renaud Camus, einen regelrechten Schwerstarbeiter in Sachen Sex. Er genießt lieber und schweigt. Es überrascht nicht, dass Roland in *Tricks* die Beschreibung der »Vorbereitungen« bevorzugt. Nicht ohne Humor merkt er daher an: »Es muss sehr angenehm sein, von Renaud Camus ›getrickst‹ zu werden.« Man kann verstehen, dass der Meister die kämpferischen Schwulen mit seiner elliptischen Art verärgert hat.

Ebenfalls im Café Flore hat er Christophe Girard kennengelernt. Als Student orientalischer Sprachen hat der zukünftige Beigeordnete von Bernard Delanoë im Pariser Rathaus ein Buch über das Japanische vor sich. »Er hat mich gefragt, ob ich diese Sprache studiere. Ich begriff, dass ich *Das Reich der Zeichen* vor mir hatte«, erzählt er belustigt und unter Anspielung auf eine der bekanntesten Publikationen des Meisters, die dem Japanischen gewidmet ist. »Er hat mir seine Adresse gegeben, seine Telefonnummer, ich habe ihm ein paar Zeilen geschickt, er hat mir geantwortet.« Es ist nicht schwer, wenn man Student ist und das Flore aufsucht, mit Roland in Kontakt zu treten. »Ich ging gern mit ihm durch Paris, ich begleitete ihn ins Collège.« Der Meister verfügte selbst dann über Leibgarden, wenn er seine Vorlesung hielt. Unter Anspielung auf die jungen Leute, die ihn umgaben, sagt ein Professor des Collèges: »Sein Hofstaat war mir wohlvertraut.«

Im Flore fühlte er sich wie zu Hause, geschützt vor Angriffen. Selbst dann, wenn es einmal passieren sollte, dass er belästigt wurde. Ein Houëlianer, Patrick Mauriès, hat berichtet, wie er »die dringenden Bitten einer Amerikanerin erdulden musste, die unbeirrt ihre Tage in Begleitung eines Pekinesen im Flore verbrachte«. Des Meisters Liebe für Hunde ging nicht so weit, dass sie ihm ihre Frauchen erträglich gemacht hätten. »Er fuhr sie eines Tages barsch an, und sie tat in der Folge so, als ob sie ihn ignorierte.« Die Dame war eine »kleine Berühmtheit im Paris jener Zeit, weil sie Malerin war und zu dem Kreis um Warhol und Hockney gehörte.« Der Meister war gern Willens, sich zusammen mit Renaud Camus für Andy Warhol zu interessieren, aber nicht zusammen mit einer aufgedonnerten Amerikanerin mit »riesiger schwarzer Sonnenbrille und knallrotem Lippenstift«.

An einem anderen Abend wurde der Meister im Flore vom betrunkenen Jean-Edern Hallier angefahren, der sich daran machte, vor ihm etwas in Barthes' Jargon zu deklamieren. Es konnte sogar geschehen, dass die Böcklein Unannehmlichkeiten provozierten. Eines Abends trifft der andere Roland, seine enttäuschte Liebe, in Begleitung von Youssef und anderer Houëlianer ein. Als er sie erspäht, flieht der Meister ohne ein Wort. Youssef wird vergeblich versuchen, ihn zur Rückkehr zu bewegen. Gelegentlich trifft sich Roland noch mit dem anderen Roland, aber er erträgt es nicht, ihm unvorbereitet zu begegnen.

Der Schluss jenes Tagebuchfragments vom 25. April ist erschütternd: »Dieser klägliche Reinfall von einem Abend hat mich dazu gebracht, endlich zu versuchen, jene Reform meines Lebens auszuführen, die ich schon lange Zeit im Kopf habe.« Weil der Abend misslungen ist, hat er von ihm berichtet – um sich Mut zu machen, sein Leben zu »reformieren«. Er wird es nicht reformieren. Was er auch immer schreibt oder sagt, er ist nicht bereit, seinen »Streifzügen« zu entsagen.

21 Romaric und Myriam

Mam ersetzen? Das »Unersetzliche« ersetzen? Auf den ersten Blick wirkt allein schon diese Frage wie ein Sakrileg. Der Meister mit einer Frau verheiratet? Undenkbar. Ja sogar lächerlich! Abend für Abend ist die Gegenwart, nach der er beständig sucht, die von Böcklein. In der von ihm erträumten »Reform« seines Lebens ist das a priori der am wenigsten reformierbare Punkt: Er ist womöglich imstande, einen Roman zu verfassen, er ist zweifelsohne in der Lage, Paris in Richtung Urt zu verlassen, aber er wird nicht, mit über 60 Jahren, heterosexuell werden.

Und dennoch hat Roland gegen Ende seines Lebens einer Frau seine Liebe erklärt und sogar um ihre Hand angehalten. Dieser unglaubliche Vorfall belegt, wie tief seine Verzweiflung geht: Um seinen »vergeblichen Abenden« zu entfliehen, ist er zu allem bereit. Der Vorfall steht mit seinem Vorhaben, sich in Urt niederzulassen, in Verbindung. Was tun, um dort unten nicht zu sehr an Einsamkeit zu leiden, und was tun, damit der Haushalt geführt wird, eine Aufgabe, für die er nur wenig Neigung empfindet ...

In Paris hat er nach dem Tod von Mam die Probleme mit der Haushaltsführung gelöst. Gegen Ende einer lange Zeit unergiebigen Suche hat er mithilfe der Gemeindeverwaltung des VI. Arrondissements eine Haushälterin gefunden. Bei Abendessen war es eines seiner Bravourstückchen, von den Schwierigkeiten zu berichten, in Paris eine Haushälterin aufzustöbern. Wie bis vor Kurzem Mam, so bereitet auch sie ihm eine kleine Mahlzeit zu. Der Meister isst für gewöhnlich außerhalb, aber immer öfter lädt er seinen Gast für den Abend daheim zum Essen ein: Er muss keine Rücksicht mehr auf Mam nehmen. Weil es in der Wohnung kein Esszimmer gibt, wird in der kleinen Küche gegessen. Für gewöhnlich holt Roland ein bereits vorbereitetes Gericht aus dem Kühlschrank und wärmt es auf. Es gelingt ihm auch, selbst Eier und Reis zuzubereiten.

Im Südwesten hat der Meister ebenfalls eine ergebene Haushälterin, die ihm etwas zu Essen machen kann. Aber die Aussicht, seine Mahlzeiten die meiste Zeit allein zu sich zu nehmen, ist wenig erfreulich. In Paris lebt er von Freunden umgeben. In Urt ist sein Freundeskreis kleiner. Er unterhält die besten Beziehungen zu den Händlern der Ortschaft, aber, abgesehen davon, hat er nur zwei echte Freunde: den Dr. L., mit dem er gern zusammen Musik macht, und eine Nachbarin, die Mam und ihre Söhne durch die Vermittlung des Lebensmittelhändlers kennengelernt haben.

Die Skandinavierin Myriam ist in die Gegend gezogen, nachdem sie einen Mann aus dem dortigen Kleinadel geheiratet hatte, von dem sie sich bald wieder trennen sollte. In Urt, einer landwirtschaftlich geprägten Ortschaft, fällt sie auch dadurch auf, dass sie im Gaswerk in der Nähe von Lacq arbeitet. Mam hielt viel von der zuvorkommenden Frau, die so alt ist wie der kleine Bruder. Zeichen für ihre Vertrautheit mit Roland: Sie leiht ihm gelegentlich ihr Fahrrad oder strickt ihm einen roten Pullover, den er stolz über seinem Blaumann zur Schau trägt.

In Mams letztem Sommer in Urt ist Myriam allgegenwärtig. Sie ist es, die zu ihrem letzten Geburtstag etwas kochen wird. Für den Meister, dessen gesamtes Familienleben sich um seine Mutter und den kleinen Bruder gedreht hat, ist sie eine Art Cousine aus der Provinz. Wahrscheinlich hat Roland 1979 in dem letzten Sommer, den er selbst in Urt zubrachte, Myriam

gebeten, sein Leben mit ihm zu teilen. Er ist wohl davon überzeugt, dass das *die* Lösung ist. Myriam ist verblüfft. Sie weiß,
was sie von seiner sexuellen Orientierung zu halten hat: Seit
dem Tod von Mam geben sich die Houëlianer in Urt die Klinke
in die Hand. Einer Freundin zufolge ist Myriam schockiert, ja
sogar entsetzt.

Man begreift dennoch, was den Meister zu diesem unangebrachten Schritt gedrängt hat: In Urt würde er sein Leben mit
einer Frau teilen, die Mam liebte. Die Hochzeit hätte mit ihrem
Segen stattgefunden, stünde unter ihrem Schutz. Beinahe ein
Traum! Umso mehr, da Myriam alle erforderlichen Qualitäten
hat, um einen Haushalt zu führen: Sie weiß sogar, wie man
ein Paprikaomelett zubereitet, unbestritten das beste Omelett der Welt. Selbstverständlich würde Roland nicht völlig auf
die Böcklein verzichten. Er hätte seine regelmäßigen Abstecher
nach Paris gemacht, in deren Verlauf er »auf die Pirsch gegangen« wäre. Hat er wirklich gedacht, Myriam würde Ja sagen?
Hat er es wirklich ersehnt? Seine Liebeserklärung war allem
Anschein nach ein Versuchsballon. Warum eigentlich nicht ein
Eheleben? »Was mir noch fehlt, ist eine späte Heirat«, sagte er
manchmal seinen Pariser Freunden.

Er erträgt es nicht, allein zu leben: Er ist ständig mit Mam
zusammengewesen. In seiner am Collège de France gehaltenen
Vorlesung über das »Zusammenleben« hat er die Vorstellung
gelobt, im selben Apartment zu mehreren zu wohnen, bei völliger Freiheit, nach Belieben zu kommen und zu gehen. Wie
in der Zeit mit Mam. Myriam war Teil der Überlegung, sich
in Urt niederzulassen. Aber nur in Paris hat er ernsthaft an
ein »Zusammenwohnen« nachgedacht – natürlich mit seinen
jungen Freunden. Jean-Louis, der Lieblingsschüler, glaubt eine
kurze Zeit lang, dass der Meister mit den Houëlianern zusam-
menzieht. Aber dieses Zusammenleben wäre explosiv gewesen:
Die Wohnung war zu offen, es wurde zu oft gefeiert, als dass

Roland sich dort wirklich wohlgefühlt hätte. Also fasst er Romaric in den Blick, der bereits eine Art halb offizieller ständiger Begleiter ist. »Er hat sich in den Kopf gesetzt, dass wir zusammenleben sollten. Er wollte die Rue Servandoni verlassen, eine größere Wohnung suchen.«

Ohne sich jemals wirklich von dem Scheitern seiner Beziehung mit dem anderen Roland erholt zu haben, hat der Meister Romaric sehr geliebt, der seiner Ansicht nach ein wenig orientierungslos war: »Roland sagte mir immer wieder: ›Die Verzweiflung ist ein Irrtum.‹« Hier spricht der Spezialist. Die beiden Männer haben sich Mitte der 1970er-Jahre kennengelernt. Anfangs ist der Meister sehr verliebt. »Ich wurde geliebt«, bestätigt Romaric. Roland schickt ihm Zeichnungen, die er damals »kritzelt«. »Er sagte mir: Sie gehören denjenigen, die sie mögen.« Der Meister geht sogar so weit, selbst eine Abhandlung über das Heilige zu schreiben, die Romaric einreichen muss. Das Ergebnis ist nicht sehr überzeugend; eine 10, genau die Mitte.

Als der Meister ihm vorschlägt zusammenzuziehen, ist Romaric ein »alter Cherubino«, den es »nach Verführung dürstet«, der sich jedoch mitten im »Liebestaumel« befindet. Er sagt: »Die Leidenschaft, dieser pathologische Zustand, gehörte bereits der Vergangenheit an; dennoch bestand zwischen uns eine starke, ich glaube unzerstörbare Bindung.« Es ist Romaric, mit dem der Meister gern »Schiffchen macht«, wenn sie im Bett fernsehen.

Den Cherubino erschreckt der Vorschlag. Er ist noch nicht so weit und fürchtet besonders die Schweigsamkeit des Meisters. »Ich hatte Angst vor seinem Schweigen. Er sagte mir: ›Wenn ich mit dir nicht nicht sprechen kann, mit wem soll ich dann nicht sprechen? Wir haben es nicht nötig, miteinander zu sprechen, um zusammen zu sein.‹« Genau das war auch der Diskurs, den er mit Mam pflegte ... Der Meister hat nie mit

Romaric zusammengelebt. Bis ans Ende seiner Tage wird er allein bleiben. Verzweifelt allein.

Nach Rolands Tod wird Romaric von bösen Zungen »Witwe Barthes« genannt. Das hat mit dem Angebot eines gemeinsamen Lebens, woraus er nie ein Geheimnis gemacht hat, zu tun, aber auch damit, dass er die größte Sammlung von Zeichnungen des Meisters besitzt, die er nun nicht mehr versteckt hält. Zeichnungen, die der Meister ihm schickte, versehen mit sentimentalen Widmungen wie der folgenden: »Damit nicht gesagt werden kann, dass Romaric, wenn er nach Hause kommt, nicht die Farben seines Freundes Roland vorfindet.«

Zwar hat er immer Musik gemacht, doch mit den »Kritzeleien« hat der Meister erst spät begonnen. »Ich habe mich eines Tages darüber gewundert, warum er nicht zeichnet. Alle großen Schriftsteller zeichnen oder malen, sagte ich ihm. Er sah überrascht aus. Aber als ich ihn einige Wochen später wiedersah, hat er sie mir mit einem breiten Lächeln hingeworfen: ›Da haben wir's!‹« Als Zeichen dafür, dass er Wert darauf legte, dass man wusste, er »kritzele« von nun ab, hat er mehrere seiner Zeichnungen in seiner Autobiografie veröffentlicht.

Nach Mams Tod hört er jedoch auf zu zeichnen. Er sieht alles zu schwarz, um noch an »Farben« denken zu können ... Nur sein Cherubino hat hin und wieder das Anrecht auf eine kleine Zeichnung. »Meine Verbindung mit Roland trug mir – und trägt mir immer noch – viel Eifersucht und, sonderbarerweise, Hass ein«, bestätigt Romaric. Er ist heute so alt wie der Meister, als er ihn kennengelernt hat. Was die echte »Witwe Barthes« angeht: Myriam ist bereits seit geraumer Zeit tot und hat ihre letzte Ruhestätte auf dem Friedhof von Urt gefunden, ganz in der Nähe des Meisters und von Mam.

22 »Vita nova«

Paris im Monat August. Roland ist in diesem, seinem letzten Sommer früher aus Urt zurückgekehrt. Wohl weil er seinem Verleger den mit Schreibmaschine geschriebenen Text von *Die helle Kammer* abliefern musste, die Anfang nächsten Jahres erscheinen sollte. Zuerst schrieb er mit der Hand, strich dann viel aus, schließlich tippte er sein Manuskript mit der Schreibmaschine ab, wobei er unzählige Korrekturen vornahm. Vielleicht hat ihn auch die Zurückweisung durch Myriam, das Ende des Traumes von einer möglichen Ansiedelung in Urt schnellstens wieder in die Hauptstadt eilen lassen. Nachdem nun sein Text über die Fotografie definitiv abgeschlossen ist, kann er sich seinem »Großen Werk« widmen.

Vom 21. April an bringt er fast jeden Tag einige Notizen zu Papier, die vage Skizze eines Plans von »Vita Nova«, dem »Roman«, den er im Kopf hat und den er als eine Art Beschreibung seines vergangenen und zukünftigen Lebens konzipiert. Angesichts des Stapels von Vorarbeiten, der nach seinem Tod in einem roten Pappumschlag entdeckt wurde, fällt es schwer, sich vorzustellen, wie dieses »Vita nova« letztendlich hätte aussehen sollen: Wahrscheinlich würde eine Aneinanderreihung voneinander unabhängiger Bilder in der Summe sein Abbild ergeben haben.

Eines ist gewiss, Mam ist in diesen Blättern allgegenwärtig: »Prolog: Trauer. Verlust des wahren Leitsterns, der Mutter.« Der Meister wollte sein »Vita nova« mit dem »Tagebuch einer Trauer« beginnen. Einer Trauer, in die er vollkommen versunken ist, die er zergliedern möchte, indem er derjenigen, die gestorben ist, seine Liebe erklärt. Die wenigen Seiten, die er ihr in *Die helle Kammer* gewidmet hat, stellen nicht mehr als eine Einleitung dar. Er möchte sich noch einmal damit befassen.

Für gewöhnlich nehmen Denker einen Philosophen oder Schriftsteller zum Leitstern. Roland ist nicht so weit in die Ferne geschweift. »Welcher Grundsatz? Natürlich der von Mam«, schreibt er Anfang September. Seit er seinen Gefühlskiel verloren hat, ist er nur noch ein trunkenes Schiff. »Ich war in meinen eigenen Augen ein Kind, solange es meine Mutter gab«, hat Roger Peyrefitte in *La Mort d'une mère* geschrieben und hinzugefügt: »Von nun an bin ich bedauerlicherweise nur noch ein Mann.«

Roland ist nur noch ein Mann, der sich sträubt, seinem »leeren Leben«, wie ein Houëlianer sagt, ins Gesicht zu schauen. Natürlich beabsichtigt er auch, von seinem Liebesverdruss zu berichten. Sein Reinfall mit dem anderen Roland hat bereits das Material zu *Fragmente einer Sprache der Liebe* geliefert. Er würde sich gern aus dem Blickwinkel der Erzählung damit befassen. Und dann gibt es da noch seine »unentschiedene Suche«, seine »vergeblichen Aufreißabende«, nach denen er jedes Mal ein wenig einsamer, ein wenig trostloser nach Hause zurückkehrt.

Roland möchte die Maske abwerfen, »bei dem Spiel nicht mehr mitmachen«, sein Ich enthüllen. »Unverstellt«: Er nimmt sich vor, sich »rücksichtslos« preiszugeben, ohne den Versuch einer »Rechtfertigung«, ohne jene Melancholie zu verbergen, die ihn sein ganzes Leben lang begleitet hat und in der er nun versinkt, jene Melancholie, die er Akedia nennt und die in erster Linie eine »Liebesakedia« ist.

In diesen mit der Hand geschriebenen und niemals mit der Schreibmaschine abgetippten Blättern spricht er ohne Unterlass von seinem »Entschluss vom 15. April 1978«: »Ich ziehe mich zurück, um ein großes Werk in Angriff zu nehmen, in dem von ... der LIEBE die Rede ist«, schreibt er mit Emphase am 26. August. Von der Liebe Mams, die nicht mehr da ist, von der Liebe der Böcklein, die ihn zurückweisen, von der Liebe der Freunde, die einzige, die ihm bleibt: »Zwangsvorstellung, mich nur noch mit ihnen zu befassen.« Er möchte das Porträt von Jean-Louis, dem Lieblingsschüler, entwerfen, aber ebenso das der Bäckerin von Urt, mit der er so gern plaudert. Genau genommen will er alles über sein Leben sagen: die Gigolos, Marokko, das Flore, seine Beziehung zur Musik, zur Malerei, zum Stricken ...

Ein totales Abbild. Roland hat acht Entwürfe von »Vita nova« angefertigt. Doch nichts ähnelte einem echten Plan. »Unentzifferbarer Plan«, hat er am 3. September geistesgegenwärtig geschrieben. Es handelt sich eher um eine Liste zu erörternder Themen. Dieser Fachmann für Werke in Fragmentform fühlt sich der Aufgabe nicht gewachsen. Er hat sich Proust und Tolstoi zum Vorbild genommen, ohne die Technik des Romans zu beherrschen. Im Verlauf der Jahre hat er Tausende von Zetteln zu den unterschiedlichsten Themen angehäuft, mit denen er das Werk ausstaffieren will: »All das bedeutet wohl, dass die Kinderei der Erzählung ›Vita nova‹ aufgegeben werden muss: Diese Versuche eines Frosches, der ebenso groß werden will wie ...«, so sagt er in einem weiteren Anfall von Klarsichtigkeit.

»Sein Buch war bereits geschrieben worden«, merkt ein Verleger an, »nämlich *Auf der Suche nach der verlorenen Zeit.*« Um da herauszukommen, muss er das Vorhaben in einzelne Abschnitte aufteilen, es auf eine Folge von großen Fragmenten zurückführen. Während seiner gesamten Laufbahn ist der Meister kleinteilig vorgegangen, hat mit Variationen über ein Thema geglänzt, über das Gefühl der Liebe oder über Japan, als der Musiker, der er womöglich in erster Linie war.

Bereits bevor er entschieden hatte, in die Literatur einzuge-
hen, hat er das »wahre Buch« immer wieder auf später verscho-
ben, jenes, das seine Gedanken zusammengeführt hätte, denn
er hatte ein geschmeidiges Denkvermögen, das mit den unter-
suchten Objekten und den Moden wuchs. Er mochte es daher,
nicht eingeordnet werden zu können, »er mochte es, Barthes zu
sein«, wirft der andere Roland ein – wen wundert es da, dass
sein Schaffen unvollendet wirkt, gewissermaßen »kastriert«.

Natürlich wird er in sein »Vita nova« eintauchen. Einige
Schüler glauben, dass das Buch bereits existierte, in Form von
Zetteln, die der Meister dann jedoch nicht ordnen konnte.
Umso mehr, als er sich, in den letzten Monaten, die ihm zu
leben bleiben, buchstäblich dahinschleppen wird. Es ist ein
körperlich erschöpfter und seelisch ausgedörrter Mann, der
sich seinem letzten Herbst und seinem letzten Winter nähert.
»Zum Schluss war es entsetzlich«, bestätigt Philippe Sollers.
Roland ist Opfer seiner Schlaflosigkeit, von plötzlichem Er-
wachen mitten in der Nacht, was ihn vollends zermürbt. Der
Frosch hat wirklich nicht mehr die Kraft, sich zum Ochsen
aufzublähen.

23 Strasbourg-Saint-Denis

Dennoch hat Roland einen Teil von »Vita nova« zu Papier gebracht. Als einen solchen kann man die »Pariser Abende« ansehen, die er zur selben Zeit, Ende August und Anfang September, wie die Entwürfe für sein »Großes Werk« verfasst. Diese Fragmente eines intimen Tagebuchs korrespondieren mit den »vergeblichen Abenden«, mit den Bereichen des Aufreißens, die in den Entwürfen heraufbeschworen werden. Dieses Mal berichtet er ungeschminkt, verbirgt nicht seine Neigung für die Böcklein.

Hätte er diesen Text zu Lebzeiten veröffentlicht? Seine Freunde sind sich da immer noch nicht einig. Diese »Pariser Abende« sind nach seinem Tod erschienen, auf Initiative von François, seinem Freund und Verleger, zusammen mit dem marokkanischen Tagebuch, das gut zehn Jahre zuvor entstanden war und ebenfalls hauptsächlich von den Jungs handelt. François rechtfertigt seine Entscheidung mit dem Umstand, dass Roland dieses Tagebuch überarbeitet hatte und dass es daher reif für eine Veröffentlichung war. Der kleine Bruder bedauert, dass er sich einem fremden Willen gebeugt hat. Einige der Vertrauten sprechen von Grabschändung. Der aufgebrachteste von ihnen, der andere Roland, spricht von einer »Vergewaltigung post mortem«. Wenn man jedoch diese »Pariser Abende« als einen ersten Teil von »Vita nova« ansieht, unterliegt es keinerlei Zweifel, dass der Meister schrieb, um gelesen zu werden. Von dieser Debatte einmal abgesehen entwerfen diese Fragmente ein ergreifendes Porträt eines Mannes, der kurz vor seinem Tod steht.

Selbstverständlich nehmen die »Pariser Abende« jedesmal im Flore ihren Anfang, seinem Lieblingscafé. An jenem 23. August liest er *Le Monde*, während seine tatsächliche Aufmerksamkeit jedoch zwei Jungs gilt. Er schreibt: »Der eine der beiden ist recht hübsch mit seinen regelmäßigen Zügen, hat aber derbe Fingernägel.« Dem Meister entging nichts, wenn es um das Äußere der Böcklein ging. Er belauscht ihr Gespräch: Im Vorübergehen in Cafés oder im öffentlichen Nahverkehr die Worte Unbekannter aufzuschnappen, war ein Lieblingszeitvertreib des Meisters. In diesem Fall sprach man über den Telefonweckruf.

Wie selbstverständlich nimmt dieser erste Abend in Paris in der Metro seinen Fortgang. Der Meister ist zum Abendessen in die Gegend von Strasbourg-Saint-Denis eingeladen. Also nimmt er die Linie Porte-d'Orléans-Porte-de-Clignancourt. Das Problem: Ein Gitarrespieler »vom Schlage amerikanischer Folk-Sänger« macht die Runde durch einen Wagon. Roland wählt »mit Bedacht« den nächsten Wagon. Vergebliche Mühe: An der nächsten Station schneit der Gitarrespieler herein. »Als ich das sah, bin ich schnell aus- und in den Wagon eingestiegen, den er gerade verlassen hatte.«

Es hat bestimmt schon das ein oder andere Mal ein jeder Metronutzer zu ähnlichen Strategien Zuflucht genommen, um einer Nervensäge zu entfliehen. Es hat jedoch etwas Komisches, sich einen Meisterdenker vorzustellen, nicht mehr ganz jung und nicht wirklich sportlich, der auf diese Art von einem zum anderen Waggon rennt, um einem Gitarrespieler zu entkommen. Er fasst zusammen: »Die Bettelei ist mir immer wieder so unangenehm wie ein hysterischer Anfall oder eine Erpressung.« Was an diesem späten Barthes – er wird nur noch einige Artikel und Vorworte verfassen – auffällt, ist seine extreme Offenheit. Es bleibt ihm nichts anderes mehr übrig, als seine Meinung zu äußern, egal was die Leute dazu sagen mögen.

148

Natürlich ist er zu früh. Er macht die Nummer 104 in der Rue d'Aboukir ausfindig, wo er um halb neun erwartet wird, dann wandert er herum. Wie so häufig fühlt er sich am Rive droite verloren: »Ein kalter Sturmwind wehte sehr stark und wirbelte enorme Mengen von Verpackungsmüll auf, Überbleibsel des Konfektionsgroßhandels in diesem Viertel.« Er hat den Eindruck, in »einem ausgestorbenen Winkel New Yorks« zu sein, »im verkleinerten Pariser Maßstab«. Er dringt bis zur nahegelegenen Rue Saint-Denis vor: »Aber da gab es so viele Prostituierte, dass man wirklich nicht ›flanieren‹ konnte, ohne dass es eine andere Bedeutung angenommen hätte.« Vor den männlichen Prostituierten, die vor dem Drugstore Saint-Germain Stellung bezogen haben, zu »flanieren«, bereitet ihm weniger Schwierigkeiten. Er kehrt um und lässt sich an einem dreieckigen Platz, »entzückend und schäbig«, auf einer kleinen Bank nieder: »Dort spielten Kinder schreiend Ball; andere hatten Spaß daran, ganz schnell loszurennen und sich auf enorme Papierballen zu werfen. Ich habe mir gesagt: was das für ein Kino ergibt!« Endlich begibt er sich wieder in die Rue d'Adoukir, »entsetzt, wie überaus armselig diese Ecke ist«.

Zum Glück wird er bei Antoine zu Abend essen, dem Organisator des Kolloquiums von Cerisy, einer seiner Schüler, mit dem er sich regelmäßig trifft: »Wir aßen einmal in der Woche zusammen, die Unterhaltung drehte sich um seine Arbeit.« Antoine gehört zu denjenigen, die der Meister künftig zu sich in die Rue Servandoni zum Abendessen in der Küche einlädt. »Wenn die Haushälterin nichts vorbereitet hatte, kaufte Roland etwas Einfaches ein.« Im Gegenzug dazu war der Wein von guter Qualität: Als Mann des Südwestens servierte er seinen Gästen Bordeaux aus Lalande-de-Pomerol. Jedes Mal denselben, einen Château-de-la-Cuve-Saint-André, direkt vom Hersteller bezogen. Antoine erinnert sich: »Roland aß mit den Fingern und gewissermaßen hastig.« Nach Mams Tod verschlang er das, was er auf dem Teller hatte, stets wie ein Kind. »Er machte Diäten, stürzte sich jedoch auf die Gerichte. Seine Beziehung zum Essen war animalischer Natur.«

Einige Monate zuvor hat der Meister aus Freundschaft für Antoine sogar seiner Disputation beigewohnt. »Er saß im Publikum in der ersten Reihe, er hatte meine Doktorarbeit in Cerisy gelesen.« Zu Beginn dieses Augusts 1979 haben die beiden Freunde zusammen Mittag gegessen: »Roland fuhr nach Urt, es ging ihm wirklich sehr schlecht. Seinen Freunden war nicht bewusst, wie schlecht es ihm ging.« Das hat Antoine wohl dazu veranlasst, seinen Mentor, dem er die Treue hielt, selbst wenn er ihn offen als einen »alten, jammernden Junggesellen« bezeichnet, am 23. August zum Abendessen einzuladen.

In der Rue Aboukir waren anwesend: Patricia, die Freundin von Antoine, die er im Seminar des Meisters an der École pratique des hautes études kennengelernt hat, und Philippe R., der junge Essayist, der den Meister für den *Playboy* interviewt hat und der in New York bei dem Abendessen aus Anlass seines Geburtstages dabei gewesen war. Lediglich eine junge Frau ist ihm fremd: »gehüllt in eine ziemlich kleidsame Robe, deren sehr schönes, seltenes Blau, [ihn] besänftigt, ja sogar euphorisiert« hat. Der Meister »euphorisiert« von einem Frauenkleid! Das geschieht so selten, dass es aufgeschrieben werden muss.

Entschlossen, nichts zu beschönigen, beklagt sich Roland über das Essen: »Es gab einen guten Risotto, aber das Fleisch war natürlich überhaupt nicht durch.« Dennoch fühlt er sich, »wegen der Freunde«, wohl. Um was dreht sich die Unterhaltung? »Man erzählte sich, was man ›seichte Geschichten‹ nennt (›In England habe ich in der Victoria Station eine Spanierin getroffen, die Französisch sprach‹), während man sich über die Definition des Begriffes ereiferte und stritt.« Es wurde bereits erwähnt, dass der Meister keine lustigen Geschichten mochte. Die »seichten Geschichten« kommen seiner Geistesrichtung eher entgegen: Mit ihrem intellektuellen Anspruch kommen diese lustigen Geschichten, die nicht wirklich lustig sind, dem Aphorismus nahe.

Selbstverständlich geht er als Erster. Und er erspart uns keines seiner Probleme: »Ich musste sehr dringend pinkeln. Aus Furcht, kein Taxi zu finden und die Metro nehmen zu müssen, betrat ich ein Bistro am Boulevard, gegenüber der Porte Saint-Denis.« Er gibt wohl auch seinem Geschmack für ausgefallene Lokalitäten nach. Er wird nicht enttäuscht: »In einer Ecke neben der Toilettentür, die ich kaum aufkriege, sprechen drei undefinierbare Wesen (halb Schmachtlocken, halb Tunten) über eine Prostituierte aus Marseille (wenn ich richtig verstanden habe). Der Kellner und die Wirtin, gewöhnlich, müde, freundlich; ich habe mir gesagt: Was für ein Beruf!«

Wieder zu Hause schaltet er France Musique ein. Dem Meister bereitet es nicht die geringsten Probleme, von einer räudigen Spelunke in Strasbourg-Saint-Denis zum gediegenen Radioprogramm für Melomanen zu wechseln. Und er versichert auch, dass er der Musik die »Plattitüden und die mit Schwung vorgetragenen Nichtigkeiten« einer Moderatorin vorzieht, die »eine Stimme und eine Aussprache« hat, die er »bewundert«. Im Bett blättert er in den ersten Seiten eines Sadomaso-Buches, dass er vorsorglich in einem undurchsichtigen Umschlag verborgen hat, damit es seiner Haushälterin nicht auffällt: Sie wird sich nicht lautstark im Viertel darüber auslassen können, dass er pornografische Werke lese. Roland fragt sich, was er darüber sagen könnte, wo er doch daran eigentlich »nichts anderes findet, außer: ›Jaaah, jaaah!‹«. Ohne François, dem Freund und Verleger, der ihm das Buch hat zukommen lassen, zu nahe treten zu wollen, doch er bevorzugt die sanfte Tour.

24 Éric und Claude

Am folgenden Tag erlebt er einen rundum gelungenen Abend im Flore. In jenem August 1979 bildet dieses In-Café in Saint-Germain-des-Prés das Zentrum seiner kleinen Welt. Nach Antoine ein anderer, ruhiger Schüler: Éric. Die beiden Männer haben sich drei Jahre zuvor bei der Verteidigung einer Doktorarbeit kennengelernt. Und sofort hat Roland diesen jungen, blondgelockten Epheben angebaggert. Éric erinnert sich noch sehr gut an ihre ersten Rendezvous und die Schwierigkeiten, ins Gespräch zu kommen. Um das Schweigen zu brechen, erzählt Éric, er beginne alle seine Analyse-Sitzungen mit: »Also, ich würde sagen ...« Der Meister entnimmt seiner Tasche ein kleines Spiralheft, notiert sich einige Worte. Éric, der diesen Brauch noch nicht kennt, fragt sich, was er da wohl ausgelöst hat. Einige Monate darauf hört der den Meister im Verlauf einer Vorlesung am Collège sagen: »Ich habe einen Freund, der alle seine Analyse-Sitzungen folgendermaßen beginnt ...«

Die Stimmung beim zweiten Rendezvous ist noch drückender: »Es war unmöglich, ein Gespräch in Gang zu bringen«, erinnert sich Éric. Dennoch kommt man sich näher: »Wir spielten zusammen Klavier, er nahm mich ins Konzert mit, ins Athénée. Er hatte die Aura des Denkers, ich war zwanzig Jahre alt, es war sehr unwirklich.« Roland kümmert sich während seiner Agrégation um ihn: »Als ich sie geschrieben hatte, führte er mich zum Mittagessen ins Récamier aus. Als ich die mündliche Prüfung bestanden hatte, offerierte er mir ein Champagner-Diner. Er war zufrieden mit mir, auch glücklich darüber, richtig damit gelegen zu haben, mir sein Vertrauen zu schenken, als ich nichts weiter als ein junger Student war.« Roland schreibt ein Referat für Romaric, nimmt an der Disputation von Antoine teil, unterstützt Éric bei der Abschlussprüfung: Er teilte seine Aufmerksamkeit unter seinen jungen Freunden gerecht auf. Eine echte Mutterglucke. »Er war schlicht und einfach ein guter Mensch«, so Éric.

Am 24. August diskutieren sie »in kleinen Schritten«, während sie »Frankfurter Würstchen, weich gekochte Eier und ein Glas Bordeaux« zu sich nehmen. »In kleinen Schritten«, weil Roland, seiner Gewohnheit folgend, nichts tut, um die Unterhaltung voranzutreiben: »Der Schüler hat nur eines zu tun«, wird Éric schreiben, »er muss da sein, dem Meister sein Leben mitteilen und ein wenig auch von seiner Seele.« Roland lässt den Blick schweifen. Unglücklicherweise gibt es niemand, »den man aufs Korn nehmen könnte«. Schlimmer noch, es taucht eine »Klette« auf: »Ein halb ergrauter Argentinier mit Bart«, der ihn erneut zu einem Besuch auffordert, es würden alle »Unkosten« von seinem »Institut für Kommunikation« erstattet. Der Meister denkt an »die Langeweile, mit diesem Typen in Buenos Aires mehrere Abende beim Essen zu verbringen: Man müsste sich auf Englisch unterhalten«. Éric wird später schreiben: »Die Langeweile war in Barthes' Leben ebenso zentral, wie es seine Mutter gewesen war.«

Der Meister ist aus New York geflohen, wo er mit Freunden rechnen konnte, die das Französische beherrschen, da wird er doch nicht der Einladung eines Argentiniers, der Englisch radebrecht, nach Buenos Aires folgen: Man könnte sagen, eine »seichte Geschichte«, wie sie Antoine und seine Freunde mögen. Mehr und mehr handelt er nach einem einzigen Kriterium: Wird er sich unterhalten oder langweilen? Nach einer langen Schweigepause kündigt Roland Éric an, dass er ihm einen demnächst erscheinenden Text widmen wird. Der Schüler fühlt sich geschmeichelt. »Seine absolut spontane Freude rührt mich: kleine Freude des Abends«, notiert Roland. Es fällt ihm zunehmend schwer, eine große Freude zu empfinden.

Nach Verlassen des Flore gehen die beiden Männer durch die Rue de Rennes. Éric ist »verblüfft von der Menge an Gigolos, von ihrer Schönheit«, der Meister ist »reservierter«, wählerischer. »Ich glaube, er kannte alle Gigolos von Paris«, so der Kommentar des Schülers. Place Saint-Sulpice, ein vorzüglicher Ort für Vertraulichkeiten: Éric erzählt ihm, Youssef habe ihn verletzt, als er sagte, ein Houëlianer spreche schlecht über ihn: »Störung im Netz«, notiert sich Roland, »in der kleinlich-manipulatorischen Art von Youssef.« Er mochte nicht das Schlechte erzählt bekommen, das man über ihn sagte: Er schätzt es gar nicht, dass Youssef, dieser »Hauswart«, Éric eine ähnliche Behandlung zukommen lässt.

Im Bett versucht er Bücher zu lesen, die gerade neu erschienen sind, aber das sind »gleichsam Pflichtaufgaben«. Er kehrt also zum »wahren Buch« zurück, den *Memoiren von jenseits des Grabes* von Chateaubriand. Mit der Zeit weiß er nur die klassischen Autoren zu schätzen. »Immer dieser Gedanke: Und wenn die Modernen nun unrecht hätten? Wenn sie kein Talent besäßen?« Wenn der »Gedanke« richtig ist, so hat er sich selbst mächtig »geirrt«: Er hat den Nouveau Roman tatkräftig unterstützt.

Am nächsten Tag erwartet er seinen Gast für den Abend im Bonaparte, seinem anderen Lieblingscafé an der Nordseite des Place Saint-Germain-des-Prés. Es handelt sich um ein Arbeitsessen. Er trifft früher ein, um sich zu entspannen. Leider spricht ihn ein junger »Orientierungsloser« aus seinem Bekanntenkreis an. Roland betont: »Ich hasse diese Zufallsbegegnungen, da ich es sehr mag, in einem Café ein wenig für mich zu sein, um hierhin und dorthin zu schauen, über meine Arbeit nachzudenken etc.« Da er jedoch das Flore und das Bonparte ständig aufsucht, fordert er solche Begegnungen geradezu heraus. Aber in den weniger angesagten Cafés hätte er größere Schwierigkeiten, mit den Jungs zu flirten und sie abzuschleppen.

Der Meister hört sich die Klagen des »Orientierungslosen« an: »Er hat sein Zimmer aufgegeben, um in die Wohnung eines Typen zu ziehen, in der Hoffnung, dort Platz zum Malen zu haben; aber der Typ ist verrückt und macht ihm das Leben zur Hölle. – Wie alt, der Typ? – 24, Maler. – Macht er dich an? – Nun, genau genommen nicht, er ist verrückt usw.« Was immer er auch sagt, Roland hat Spaß an der Unterhaltung. Bernard-Henri Lévy zufolge »hungerte er nach Leben«. Das Leben dieses »Orientierungslosen« mag ziemlich kläglich sein, aber es ist immerhin ein Leben ...

Außerdem stellt der Meister einen Zusammenhang her: »Ich spüre, er ist, aufgrund eines rasenden Begehrens, absolut und gleichermaßen unbedingt, so durch und durch orientierungslos, dass ich davon erregt werde, wie durch einen Sklaven, der zur Verfügung steht.« Der Sadomasochismus ist ihm also nicht völlig fremd. Steht er auf den Orientierungslosen? »Ich halte mich zurück, das wäre verrückt.« Roland beschwert sich ja schon über die exorbitanten Forderungen der mehr oder minder normalen Böcklein, mit denen er Beziehungen unterhält. Da wird er sich doch wohl nicht mit einem Typen mit Problemen belasten: Der Meister ist erregt, aber nicht verrückt.

Da trifft Claude ein, der bei seinem Verleger beschäftigt ist, trotz des Regens »im Pullover«. Die beiden Männer halten sich »endlos« mit der Wahl des Restaurants auf: »Er stellte es mir großzügig frei zu entscheiden, aber diese Freiheit ist, wie immer, ein unerträgliches Geschenk, mit dem ich nichts anzufangen weiß.« Seine Tischgenossen haben in Erinnerung behalten, dass der Meister, ewig unentschlossen, sich in aller Regel ihrer Entscheidung anschloss.

Claude erzählt ihm von »einem Restaurant für Fleisch in der Nähe des Collège; obwohl mich die Vorstellung anekelt und ich fürchte, es wird übervoll sein, eine Sache, die ich an einem Restaurant überhaupt nicht mag, habe ich nicht die geringste Lust, im Regen herumlaufen zu müssen, sodass ich ein weit entferntes Restaurant vorziehe, wo man mit dem Auto hinfahren muss.« Glücklicherweise hat das Lokal zu. »Es bleibt nichts anderes mehr übrig, als ins Bofinger zu gehen, was ich im Grunde von Anfang an wollte, da ich gegenwärtig in diese gute, aber preiswerte Brasserie vernarrt bin.« Dieses »Vernarrtsein« ins Bofinger wird bis zum Ende seines Lebens anhalten: Am Vorabend seines Unfalls wird er dort ein letztes Mal mit seinem kleinen Bruder, Youssef und Jean-Louis zu Abend essen. Im Bofinger schätzt er besonders den Kressesalat und das gedünstete Gemüse, aber nicht nur das. Seinem Tagebuch vertraut er an: »Der Empfangschef nennt mich dort beim Namen, was mir schmeichelt und mich verlegen macht.« Er war eher geschmeichelt als verlegen. Er mochte es nicht, auf der Straße erkannt und in Beschlag genommen zu werden, im Restaurant schätzte er es aber, wenn man ihn seinem Rang entsprechend behandelte. »Die Höflichkeit der Bedienung erschien ihm ohne Hintergedanken zu sein«, erklärt ein Vertrauter.

Claude berichtet von seiner Reise in die Türkei. Roland hört nur halb hin: »Soweit ich verstehe, viele Nächte im Auto, Ankunft in unbekannten Städten um ein Uhr morgens, elftausend Kilometer in zwanzig Tagen, alles Gewaltakte, die mir unmöglich wären.« Er ist mit dem Kopf woanders: »Ich hätte ihm von Anfang an gern von meinen Schwierigkeiten bei der Arbeit erzählt; aber wie immer, wenn ich mir vornehme, über etwas zu sprechen, bin ich mir dessen zu sehr bewusst und sage nichts. Schließlich fertige ich die Angelegenheit, die einer ganzen Unterhaltung bedurft hätte, hastig in einem Satz ab.« Er konnte nicht sagen, dass er das Bofinger bevorzugte, ebenso wenig ist es ihm möglich, das Thema, das ihm unter den Fingernägeln brennt, anzuschneiden.

Seine »Schwierigkeiten bei der Arbeit« zehren dennoch an ihm. Mit jenem »totalen Roman« hat der die Latte zu hoch angelegt. Viel zu hoch.

25 Kleinanzeigen

Zum Glück gibt es noch Philippe Sollers. Bei ihm muss er sich keine Ellbogenfreiheit verschaffen, um seine »Schwierigkeiten bei der Arbeit« ansprechen zu können. Am 26. August treffen sich die beiden im Select, da das La Coupole geschlossen hat. Wie klein die Welt des Meisters ist: Das Select hat wie das Flore zu den renommierten Lokalitäten in Saint-Germain-des-Prés gehört; er fühlt sich dort nicht wohl: »die Terrasse ist überfüllt, dieses Café wirkt auf mich feindselig – möglicherweise deshalb, weil ungewohnt«. Im Gegensatz zum Bofinger hat er Schwierigkeiten, die Bedienung auf sich aufmerksam zu machen.

Die beiden Männer gehen zum Abendessen ins La Rotonde, sitzen in einer Nische: »Wir reden über Chateaubriand, die französische Literatur, dann über Seuil. Wenn ich mit ihm zusammen bin, stellen sich Hochstimmung, Ideen, Zuversicht und Begeisterung für die Arbeit ein.« Hochstimmung! Ohne seinen jungen schwulen Freunden zu nahe treten zu wollen, aber Roland genoss es, mit diesem Prinzen der Heterosexualität zu Abend zu essen. An diesem Abend fühlt er sich so wohl, dass er »einen Birnenschnaps« bestellt, »um eine zweite Zigarre dazu zu rauchen«. Eine Idee, die er als eine »merkwürdige, ungewöhnliche« bezeichnet. Die Folgen lassen nicht auf sich warten: »ein ziemlich heftiger Magenschmerz.« Das Select, der Birnenschnaps, alles was ungewohnt ist schlägt, Roland auf den Magen.

Am Tag danach, ein kleines Ereignis um halb sieben in der Rue de Rennes: »Ein neuer Gigolo, ins Gesicht fallende Haare, kleiner Ohrring.« Der Meister macht sich an ihn ran. Er heißt François, aber »das Hotel ist voll«. »Roland flirtete am Ende sowohl am Nachmittag als auch am Abend«, versichert einer seiner Freunde. Der Ausgang der Begegnung ist ziemlich komisch: »ich habe ihm Geld gegeben, er hat mir versprochen, eine Stunde später wieder zur Stelle zu sein, und natürlich war er nicht da. Ich habe mich gefragt, ob ich wirklich falsch gehandelt habe. Alle Welt stöhnt auf: einem Gigolo vorab Geld zu geben!« »Roland ließ sich von den Gigolos prellen, die ihn, ohne sich zu schämen, anpumpten«, beklagt derselbe Freund.

An jenem 27. August hat sich der Meister nichts daraus gemacht: »Ich habe mir gesagt, dass, da ich im Grunde genommen keine besonders große Lust auf ihn (oder auch mit überhaupt jemandem zu schlafen) hatte, das Endergebnis dasselbe ist: mit ihm geschlafen oder nicht, um acht Uhr wäre mein Leben immer noch dasselbe gewesen, und da mich schon die Aufnahme eines Augenkontakts, eines Gesprächs erotisiert, so habe ich halt für dieses Vergnügen bezahlt.« Roland, der unverbesserliche Schmuser! Letztlich ist es ihm wichtiger, sein Terrain zu markieren: Er kannte alle persönlich, die vor dem Drugstore Saint-Germain auf den Strich gingen. Nun ist auch der Neuankömmling in die Gemeinschaft aufgenommen.

Und wieder ein Abendessen im Flore. Diesmal wird der Name seines Tischgenossen nicht erwähnt. Vielleicht deshalb, weil der Meister die meiste Zeit über damit beschäftigt ist, einen Gigolo zu bezirzen, »engelhaft mit seinen langen, in der Mitte gescheitelten Haaren; sein sehr weißes, auf der Brust offenes Hemd fesselt meine Aufmerksamkeit«. Was lässt ihn glauben, dass es sich um einen Gigolo handelt? »Er hat grobe Hände, die die Anmut und Zartheit des Übrigen Lügen strafen«. Die Hände lügen nicht! Als der junge Mann gehen will, hält Roland ihn auf, verabredet »vage ein Treffen«. Bestimmt wird ihn dieser Gigolo, der sein Abendessen »erotisiert« hat, wieder versetzen. Aber es kann nicht behauptet werden, ein Stricher hätte im Flore zu Abend gegessen, ohne dass der Herr des Ortes ein Auge auf ihn geworfen und ihn registriert hätte.

Ein Abend in Urt, drei Tage später. In Paris verbringt er seine Abende im Flore, indem er mit den Jungs flirtet, in Urt verbringt er seine Abende mit Fernsehen. Am 30. August, in den »Korbsessel geschmiegt«, eine Zigarre rauchend (die einzige Gemeinsamkeit mit den Abenden in Paris), schaut er eine Sendung an, die »genügend Musik enthält, um nicht allzu sehr zu langweilen«. Da kommen der kleine Bruder und Rachel, die ihn holen wollen, »weil der Abend allem Anschein nach schön ist.« Mein Gott, wie Roland es hasst, gestört zu werden! »Ich war zuerst gereizt: Wie! nicht eine Minute, ohne dass man etwas von mir will, auch wenn es zu meinem Besten ist.« Auch im kleinen Familienkreis kann man unmöglich gemütlich fernsehen. Natürlich geht er raus, »unglücklich über die Zornaufwallung« gegen den kleinen Bruder, der »so liebevoll, so unbefangen, so empfänglich für das Schöne ist, wie Mam es war«.

Roland beschwert sich über seine Ansprüche, aber um nichts in der Welt würde er sich mit ihm überwerfen. Sie stammen von derselben Mutter ab. Die Abenddämmerung ist wirklich »von außergewöhnlicher Schönheit, beinahe schon befremdlich in seiner Vollkommenheit«. Eine Schönheit, die ihn auf sein Elend verweist: »Mein Herz war voller Trauer, beinahe schon voller Verzweiflung: Ich dachte an Mam, an den Friedhof, auf dem sie ruht, nicht weit entfernt.« In Mams letztem Sommer in Urt, 1977, war ihm das »Herz schwer« wegen ihrer Krankheit. An diesem Augustabend 1979 macht ihm »ein Urt ohne Mam das Herz schwer«. Der Meister hat seine letzten Jahre wohl »schweren Herzens« zugebracht.

Dass ihn »diese romantische Schwermut« heimsucht, macht ihn umso niedergeschlagener, ist er sich jetzt doch so gut wie sicher, »sie niemals aussprechen zu können«. Er macht sich keine

Illusionen mehr: Sein Romanvorhaben beruht auf einer Täuschung. Mam ist tot und er wird niemals *ihr* Buch schreiben: Es wird nichts weiter geben als das kleine, in *Die helle Kammer* entworfene Porträt. Mam, blinde Passagierin eines der Fotografie gewidmeten Buches. Hier steht er an den Ufern des Adour, »verzweifelt«, weil er sich nicht gut fühlt, »weder in Paris noch hier noch auf Reisen: ohne eine echte Zuflucht«.

Da bleiben nur noch die Freunde. Bei seiner Rückkehr am 1. September findet ein Abendessen bei den Houëlianern statt. Youssef ist noch nicht wieder zurück aus Tunesien, also steht ausnahmsweise Jean-Louis in der Küche. Der Meister schreibt von einem »zu lange geschmorten Braten«. Seine Schüler haben eindeutig ein Problem mit der Zubereitung von Rindfleisch. Bei Antoine war es nicht genug durchgebraten, bei Jean-Louis ist es zu durchgebraten. Noch heute gibt sich der Lieblingsschüler die Schuld an diesem missratenen Braten. In Wirklichkeit verstanden es nur Mam und Youssef, Rindfleisch richtig zuzubereiten. Ein junger Schwuler, leicht beschwipst, redet viel: »Nach einiger Zeit habe ich begriffen, dass das mehr oder weniger geschah, um mich zu verführen.« Roland ist zugleich geschmeichelt und verlegen: Am Tisch sitzen alte Gespielen.

Weil es ihm schlecht geht, geht er noch früher als gewöhnlich. Der junge Schwule besteht darauf, ihn zu begleiten: »Im Aufzug habe ich ihn umarmt, meinen Kopf an seinen Hals geschmiegt, aber er, sei es, dass dies nicht sein ›Fall‹ war, oder es andere Gründe hatte, ist nicht wirklich darauf eingegangen.« Wieder eine gescheiterte Beziehung, die sich kaum erst angedeutet hatte. »Ich habe ihn im Taxi zurückbegleitet, ihn bis Clichy bei der Hand gehalten.« »Quer durch ganz Paris«, schreibt er, um das Ausmaß seiner Fürsorge zu belegen. Er hält die Hände seiner jungen Freunde, niemand hält die seine.

Im Bett, zu »müde und gereizt«, um sich in ein Buch zu vertiefen, geht er die Kleinanzeigen von *Libération* und *Nouvel*

Observateur durch. Trotz allem stets den neuesten Entwicklungen auf der Spur, gelüstet es ihm nach »Kontaktanzeigen«, die im Gefolge des Mai 68 ihren Aufschwung erleben. Einige Zeit später wird er in einem Interview folgern: »Im *L'Observateur* sind die Anliegen züchtiger, mit umständlicheren Metaphern: junger Wolf sucht junge Katze ... In der *Libération* gibt es diese banale Umständlichkeit nicht: Man hat den Eindruck, einen herrlichen Roman zu lesen, und gerade diese romanhafte Seite macht beim Lesen Spaß.«

In der Liebe bevorzugt er das Vorausgehende, daher wohl auch seine Neigung für Kleinanzeigen: »Es ist eine Art Anbaggern mit Worten. Wenn man Kontakt mit jemandem aufnimmt, der eine Kleinanzeige aufgegeben hat, und nun ein Treffen mit Man-weiß-nicht-wem in Aussicht steht, macht gerade das den Reiz aus.« Hat er selbst mit jemandem Kontakt aufgenommen, der eine Anzeige aufgegeben hat? Gut möglich, wo er doch nach Bekanntschaften regelrecht gelechzt hat. Man stelle sich die Verwunderung des anderen vor, sich von Angesicht zu Angesicht einem der Stars der Zeit gegenüber zu sehen! Sicher ist, dass er aus Spaß zusammen mit Renaud Camus eine Kleinanzeige für die *Libération* verfasst hat. Der Text lautete wie folgt: »Seriöser Mann, wohlsituiert, kultiviert, sucht jungen Mann ...« Hat er sie aufgegeben? Die Anonymität war garantiert, und er war zu allem bereit, um seiner Einsamkeit zu entfliehen.

Sicher ist jedenfalls, dass es ein Houëlianer war, der ihm in diesem Sommer einen üblen Streich gespielt hat. Während der Meister sich in Urt aufhielt, hat er in dessen Namen eine kleine Heiratsannonce im *Sud-Ouest* aufgegeben, woraufhin eine Reihe von Heiratsangeboten von »reifen Frauen« bei ihm eintrafen. Im Verlauf des Abendessens bei Jean-Louis hat sich Roland danach erkundigt, wer die Anzeige aufgegeben hatte. »Er hatte uns mehr oder weniger alle in Verdacht«, erzählt ein

Gast. Der Schuldige schwieg. Manchmal waren die Houëlianer ein bisschen grausam zu »Mamie« ...

Aber wie hätte man sich auch nicht über seinen ewigen Hang zur Romantik lustig machen sollen? Er gestand später, ihn habe eine »Kleinanzeige« mit folgendem Anliegen berührt: »Wer nimmt mich für acht Tage mit?« Er führt dazu aus: »Sie hat wesentlich mehr Eindruck auf mich gemacht als eine explizitere Anzeige: Da war eine Fantasievorstellung von Reisen, die etwas in mir berührte.« Leider lässt ihn an diesem 1. September im Bett keine Anzeige ins Träumen geraten: »nichts wirklich Interessantes, nichts für die Alten.« Da drückt ihn also der Schuh. Er fühlt sich alt. Definitiv.

26 Von Gig zu Gig

Am 2. September wird der Meister dem Flore untreu: Er lässt sich im Deux Magots nieder, das wieder geöffnet hat. Auch der *Le Monde* wird er untreu: Er überfliegt die *Gedanken* von Pascal. Selbstverständlich beobachtet er genau, was im Saal vor sich geht. »Nicht weit entfernt, eine aufgeregte Gruppe, die ich schon einmal gesehen habe: Modeverrückte.« Renaud Camus kommt vorbei, »ganz in blau, von den Augen bis zum Hemd«. Er notiert: »Mir gelingt es nicht mehr, ironisch zu sein, inklusive der dezenten Gemeinheit, die das gestattet.« Aufgrund ihres Anteils an Boshaftigkeit hat Roland ein Problem mit der Ironie.

Er trifft sich mit einem Ex, der am Vorabend bei Jean-Louis zugegen war. Er will ihn im Flore zum Abendessen einladen, aber der Ex lehnt ab, um nicht in seiner Begleitung gesehen zu werden, »das heißt, damit nicht angesichts des Altersunterschieds geglaubt wird, er würde ausgehalten«. Sie gehen in ein anderes Bistro in Saint-Germain. Ihre Trennung ist noch ganz frisch. Dennoch fährt dieser Ex mit einem anderen Böcklein in die Ferien nach Hyères. Der Heilige Barthes breitet seine Flügel aus: »Aus Trotz, Großzügigkeit, Fatalismus, herrschaftlicher Großtuerei« überzeugt er seinen Tischgenossen, mit seinem neuen Freund abzureisen.

Infolgedessen ist er um neun Uhr wieder allein und, was noch schlimmer ist, unzufrieden, diesem Ex nicht gesagt zu haben, dass er ihn nicht mehr sehen will. »Aber wie es ihm sagen? Wäre es nicht herzlos, ihn nicht mehr zu sehen, unter dem Vorwand, dass …?« Immer wieder seine herrschaftliche Seite.

Dennoch würde er sein Leben gerne von diesem »ganzen Rattenschwanz von Schiffbrüchen« befreien. Nicht nur, dass er von Schiffbruch zu Schiffbruch eilt, nein, sie reißen ihn auch mit sich in die Tiefe.

Roland betritt das Flore, bewaffnet mit den *Gedanken* von Pascal und einer Zigarre. Ein dunkler Gigolo kommt und setzt sich an seinen Tisch, ein junger Mann aus Marseille, »ein grober Klotz, hat Mühe, sich auszudrücken.« Umgeben von seinem Kreis von Intellektuellen hatte der Meister bloß auf zwei Wegen Kontakt mit dem Volk: in Urt und durch die Gigolos. Dieser junge Mann aus Marseille »sitzt in der Tinte: Ich spüre, er ist niedergeschlagen; er kommt aus der Armee, hat keine Unterkunft, zieht von einem Freund zum nächsten«. Roland möchte gerne hören, dass er nicht völlig abstoßend ist. Aber sein Gesprächspartner führt »den für einen Gigolo typischen Diskurs: Jedes Mal, wenn ich ihn dazu bringen will zu sagen, dass er nun wirklich bereit wäre, mit zu schlafen, antwortet er: Ich bin frei.«

Dieser ganze »Rattenschwanz von Schiffbrüchen« nagt an ihm: Immer öfter wacht er nachts auf, denkt »verbittert und traurig an das Scheitern« seiner letzten Beziehung. Ende des Jahres 1979 leidet der Meister offensichtlich an einer schweren Depression. Heute würde man ihm Antidepressiva verschreiben. Selbst das Schreiben fällt ihm immer schwerer. Daher geht er anderntags früher aus. Es versteht sich von selbst, dass er eine Verabredung im Flore hat, doch bis dahin ist noch Zeit.

So gestattet er sich einen Abstecher zur Rive droite, um auf der Terrasse eines Cafés am Place de l'Opéra *Le Monde* zu lesen. Er bedauert die Rückkehr der Autos. »Das war nicht mehr die Ausgestorbenheit eines Augustabends, die ich so genossen habe.« Nicht weit weg von seinem Tisch erspäht er einen »Gig«, er macht sich nicht mehr die Mühe, Gigolo zu schreiben, der ihm bereits auf der Straße über den Weg gelaufen ist: »hilflos«, ein »langaufgeschossenes Bleichgesicht mit hellblauen Augen«. Er arbeitet jetzt im Hotel Continental. Roland erkundigt sich: »Sind die gut?« Er meint die Kundschaft. Der Gig versteht das falsch, spricht über das Hotel: »Nicht sehr sauber, trotz des modernen Äußeren.«

Im Flore trifft der Meister François, seinen Freund und Verleger, und dessen Freund Sévéro. Wie üblich wählt Sévéro das Restaurant aus. Aber Roland hat gerade seine Bofinger-Phase. Also fahren sie im Auto in Richtung Bastille. Beim Aussteigen hat François »einen seiner Anflüge von Feierlichkeit und Zuneigung.« Rolands Kommentar dazu: »Ich bin ständig davor auf der Hut, wohl wissend, dass er mir mit der Anteilnahme eines menschenfreundlichen Richters von mir selbst erzählen wird, und ich spüre sofort, dass ich zu einem Kind werde, das Reißaus nehmen möchte.« François ist eine Ausnahme in seinem Freundeskreis: Ungefähr im selben Alter wie er, seit 25 Jahren sein Verleger, liest er Roland manchmal die Leviten, wovor dieser »ein wenig Angst hatte«, wie ein Houëlianer versichert.

Dieses Mal hat er Einwände gegen seine Reaktion auf den Sadomaso-Roman, den er ihm zu lesen gegeben hat: »Diese Welt ist mir absolut unzugänglich.« François glaubt, der Meister müsse sich eines Tages »über die verdrängten Anteile« seiner Sexualität äußern. »Das Kind, das Reißaus nehmen möchte«, regt sich darüber auf. Zunächst einmal, schreibt er, »wie soll man sich über etwas äußern, was man nicht ist? Man kann es nur feststellen«. Und dann entmutigt ihn »diese Mode, den Sadomasochismus zur Norm, als normal zu erklären«. Es gab eine gewisse Portion Masochismus in ihm: Er schwärmte immer nur für unerreichbare junge Männer, verkehrte mit heruntergekommenen Gigolos, die ihn hereinlegten. Aber seine Sexualität war eher ›light‹. »Mamie« Sadomaso? Komische Vorstellung.

Das Trio kehrt wieder nach Saint-Germain-des-Prés zurück. Erneut hat Roland Magenschmerzen: »Ausgerechnet ich, der ich das Bofinger gepriesen und mich über die Notwendigkeit ausgelassen habe, in gute Restaurants zu gehen, um sich nichts zu holen«, merkt er an. Er ist nicht nur depressiv, sondern immer öfter auch Opfer von Wehwehchen, die ihm das Leben noch schwerer machen. Trotz allem, die »Nacht ist mild«, »voller junger Leute«, und er hat »Lust spazieren zu gehen«. Aber er hat »durchaus keine Neigung, das Auto« in der Rue Servandoni »anhalten zu lassen«, denn das macht er sonst zusammen mit François und Sévéro nie, »und die Gewohnheit ist so etwas wie ein kleines Über-Ich«.

Ein derart misslungener Abend kann nur schlecht zu Ende gehen: »Als ich allein zurückkehre, steige ich – einzigartige Fehlleistung, die mich schmerzt – die Treppe hinauf und gehe, ohne daran zu denken, an meiner Etage vorbei, als ob ich wie früher in unsere Wohnung im fünften Stock gehen und Mam auf mich warten müsste.« Es fällt Roland allerdings gegen Ende seines Lebens immer schwerer, Treppen zu steigen. Er geht so gut wie gar nicht mehr zu seinem »Söller«, seinem alten Büro im sechsten Stock. Aber die Wohnung auf der zweiten Etage, wo er sich wie im Exil fühlt, mag er immer noch nicht – abgeschnitten von der Mutter, die gestorben ist.

Es braucht vier Tage, bis er sich davon wieder erholt hat. Vier Tage, bevor er sich seine »Pariser Abende« wieder vornimmt. Am 6. September kann man ihn wieder im Flore antreffen, das versteht sich von selbst und es versteht sich ebenso von selbst, das er erschöpft ist. Eine Erschöpfung, die ihn nicht mehr verlassen wird. Alles strengt ihn künftighin an. Angefangen bei dem Umstand, dass er einem jungen Romanschriftsteller die Schwachstellen in seinem Manuskript darlegen muss: »Ich bespreche es umständlich, geize mit Lob, vielleicht weil weder der Text noch der Typ, sehr verkrampft aber hübsch, mein Fall sind.« Da taucht ein früherer marokkanischer Gigolo auf, den Roland bereits seit zehn Jahren kennt und der ihn »jedes Mal anpumpt«, wenn sie sich über den Weg laufen. Da dieser Gig eine »undurchsichtige Erbschaftsangelegenheit zu erzählen hat«, setzt er »sich einfach an unseren Tisch, um seine Geschichte besser loswerden zu können«. Ein Verhalten, das den Meister empört: »Diese Ungehörigkeit gibt mir die Kraft zur Zurückweisung.« Skandal im Flore: »Der Gigolo kriegt einen Wutanfall und schmeißt die Stühle um, als er überstürzt geht.« Kein Zweifel, die wenigen Sekunden, als die Blicke der Gäste auf ihm ruhten, sind Roland peinlich gewesen.

Am Abend ein Essen in einem seiner Lieblingsrestaurants, dem »kleinen Chinesen in der Rue de Tournon«, mit einem seiner jungen Freunde und dessen neuem italienischen Lover. »Zu Beginn nichts, aber mehr und mehr gefällt er mir durch eine Art körperlicher Reinlichkeit: Hände, Brust im Ausschnitt des weißen Hemdes.« Die Hände und die Brust: Darauf fällt der Blick des Meisters als Erstes. »Das Trio der BEGIERDE bildet sich schicksalhaft«, hat ihm doch sein Freund »durch seine Wahl angezeigt, wen ich begehren soll.«

Das Trio der BEGIERDE: Der Sadomasochismus war ihm fremd, nicht jedoch die Sexualität zu Dritt. Seine beiden besten Freunde, Youssef und Jean-Louis, bildeten mit einem jungen Dichter, Paul, ein »Trio«. Der Meister nannte sie daher auch so. Er selbst lehnte Dreiecksbeziehungen keineswegs ab. René, ein junger Schüler, erinnert sich an ein unangenehmes Abendessen in dem nämlichen Chinarestaurant in der Rue de Tournon. Ihm Gegenüber: Roland und der andere Roland, die trotz der Veröffentlichung von *Fragmente einer Sprache der Liebe* weiterhin in geheimer Übereinkunft Beziehungen unterhalten. René ist reserviert: Der andere Roland hat an jenem Abend versucht, ihn zu verführen, und der Meister, in der Stimmung, den Kuppler zu spielen, hat alles getan, ihm René ins Bett zu bugsieren. »Ich war Roland deswegen ernstlich böse«, erzählt der Schüler, immer noch verletzt, wenn er daran denkt.

Der Meister braucht nur mit einer Frau zu Abend zu essen, und schon hat er nichts mehr zu erzählen. Seine Notiz vom 7. September ist die kürzeste in den »Pariser Abenden«. Er trifft im La Palette, in der Nähe vom Odéon, eine enge Freundin, Violette, die Frau von Edgar Morin. Violette hat ihm geholfen, eine Pflegerin für Mam zu finden, als diese nicht mehr allein bleiben konnte. Aber von diesem Abendessen behält Roland nichts in Erinnerung, außer der Anwesenheit eines Schwarzen, »allein, unauffällig, still«. Er setzt den Abend im Flore fort: »unergiebig«. Ein »etwas mickriges« Kerlchen belästigt ihn: »Ziemlich schwierig, seine Zeitung in Ruhe lesen zu können«, beschwert er sich. Noch schwieriger, gelassen Tagebuch zu führen: In jeder Zeile schreit einen das Unglück an.

27 Liebe am Nachmittag

Ein Nachmittag in Paris. Es ist Wochenende und für den Meister brechen wieder bessere Zeiten an: »reichhaltiges Aufreißen, wie befreit, unersättlich.« Unersättlich ist das richtige Wort: Er erleidet immer öfter »Schiffbruch«, hat aber ständig Bedarf an »Kontakt«. An diesem 8. September nimmt er auf das XI. Arrondissement Kurs. Genauer: auf das Bain V am Boulevard Voltaire. Enttäuschung bei der Ankunft: »Nichts, keiner der Araber, die ich kenne.« Für Roland wird Paris manchmal zu einer Art Tanger-an-der-Seine. In Saint-Germain-des-Prés sucht er Abdou, am Boulevard Voltaire spürt er andere Abdous auf.

Eine »Merkwürdigkeit« im Bain V: »Ein Araber, der sich für Europäer interessiert. Sichtbar für alle und ohne Geld zu verlangen, geht er ihnen an den Schwanz, dann wendet er sich einem anderen zu; nicht herauszubekommen, was er will.« Kommentar des Meisters: »Reines Paradoxon: ein Araber, für den der Pimmel eines anderen existiert und nicht nur sein eigener, der sein Ego ist.« Rolands Freunde werden bei Erscheinen dieser »Pariser Abende« verblüfft sein. Selbst seine nächsten Freunde wussten nicht, dass er sich den »Pimmel« in den armseligen Badehäusern im Osten von Paris anfassen ließ. Das war der »verborgene Teil seiner Sexualität«, wirft François ein, der Freund und Verleger.

Allein Youssef wusste Bescheid. Eine seiner Aufgaben war es, dem Meister bei »der Gestaltwerdung der kleinen Freuden des Ich« zu helfen. Er bestätigt: »Roland besuchte die Hamams und Saunen, riss die verfügbaren Maghrebiner auf. Anschlie-

170

ßend ging er mit ihnen in die Stundenhotels.« Das Bain V diente als Vorspeise:»Ich hatte die Idee, nach Montmartre zu fahren und einen Gig zu suchen; eben deshalb habe ich wahrscheinlich, voreingenommen, wie ich bin, im Voltaire nichts gefunden.« Im Nuit erwartet ihn eine weitere Enttäuschung:»absolut nichts, das Gerücht, das besagt, man müsse um fünf Uhr abends hingehen, ist wohl reine Täuschung.« Der Ruf dieses Freudenhauses am Place Pigalle ist bis zu ihm vorgedrungen.

Unterdessen »kommt ein großer Dunkler mit ziemlich hübschem, ein wenig seltsamem Gesicht«. Plötzlich herrscht Überfluss:»Ein hübscher Marokkaner, der sich gerne an mich ranmachen würde und mich lange ansieht, will gerade gehen.« Zu spät.»Er wird im Speisesaal warten, bis ich wieder herunterkomme«. Bei der Wiedergabe dieser Episode ist der Meister, mehr noch als im übrigen Tagebuch, völlig schamlos. Ohne so weit zu gehen, zu erzählen, was zwischen ihm und dem »großen Dunklen« passiert, beschränkt er sich darauf zu berichten, dass er »sehr sanft, sehr schlicht« ist und dass er ihn »heiter, körperlich wohlauf« wieder verlassen habe: Das ist es wert, fast ganz Paris mit der Metro zu durchqueren.

Für den Moment satt, nimmt er keine Rücksicht auf den hübschen Marokkaner,»der enttäuscht zu sein« scheint. Er versichert ihm, am nächsten Tag, am Sonntag wiederkommen zu wollen. Das ist das Ende der schlüpfrigen Passage. Nun nimmt die schrullige Passage ihren Anfang. Der Meister war nicht nur von Jungen besessen, sondern er war auch ein Liebhaber von Pendeluhren, Weckern, Barometern und anderen Messinstrumenten. Kein Wunder, dass er immer zu früh zu seinen Verabredungen kam! Nach dem Tod von Mam hat der kleine Bruder die zweite Etage in der Rue Servandoni nicht mehr so häufig aufgesucht. Umso größer ist seine Überraschung, als er am Tag nach Rolands Tod eine Vielzahl von Weckern und Barometern in den Schränken der Wohnung entdeckt.

An diesem Samstag nimmt Roland, obwohl er »mehrfach« umsteigen muss, die Metro, um »den Barometerstand in der Avenue Rapp« abzulesen, da er ein neues Gerät einstellen will. Seine Nachmittage waren deutlich weniger »vergeblich« als seine Abende. Ein beglückendes Schäferstündchen mit einem Gigolo, ein funktionstüchtiges Barometer ... Infolgedessen wird Roland unternehmungslustig. Er hat eine Verabredung zum Abendessen mit Freunden, das heißt mit Youssef, der aus Tunesien zurückgekehrt ist, Jean-Louis und den anderen. Seine Samstagabende verbrachte er für gewöhnlich mit seinen Freunden. Weil er aber noch Zeit hat, beschließt er an diesem Samstag, »die Angewohnheit, die Vergnügungen oder die Abweichungen vorauszuplanen« abzulegen.

Also macht er sich auf, »den neuen Pornofilm im Dragon« anzuschauen. »Wie üblich« ist dieser »jämmerlich«, aber Roland sucht das Dragon gleichermaßen wegen des Publikums wie aus Liebe zur siebten Kunst auf. Er traut sich jedoch nicht, seinen Sitznachbarn anzumachen: »idiotische Angst, abgewiesen zu werden«. Infolgedessen verdüstert sich seine Stimmung: »hinterher bedauere ich diese schäbige Episode immer, der ich jedes Mal die Bestätigung meiner Verlassenheit entnehme.« Er hätte sich wohl besser an seine finanziell geregelte Bekanntschaft vom Place Pigalle gehalten ... Er tröstet sich mit Youssef und Jean-Louis: »Ein guter Moment der Freundschaft.«

Hat er am folgenden Tag wie geplant den »schönen Marokkaner« am Pigalle wieder aufgesucht? Man wird es wohl nie erfahren. Er trifft am späten Nachmittag im Flore ein, blättert zerstreut in den *Gedanken* von Pascal. Ein Gig aus seinem Bekanntenkreis kommt vorbei, völlig orientierungslos, wie könnte es auch anders sein, und trinkt ein Glas Zitronensaft an seinem Tisch, »weil er Magenschmerzen hat, denn er isst zu viel Sandwiches und manchmal isst er den ganzen Tag gar nichts«.

An diesem Sonntagabend hat Roland eine Verabredung mit dem anderen Roland, seiner großen enttäuschten Liebe. Es überrascht wohl kaum, dass sie beschließen, zum Essen ins Bofinger zu gehen. Aber draußen regnet es und es ist »natürlich kein Taxi« da. In dieser Hinsicht hat sich Paris nicht verändert ... Da überrascht es kaum, dass sie auf den »kleinen Chinesen in der Rue de Tournon« umschwenken. Der andere Roland ist nicht in Form: »kein bisschen exzentrisch«, er »wirkt deprimiert, und der Abend zieht sich hin«. Da überrascht es kaum, dass der Meister sich langweilt. Alle seine Tischgäste können sich an solche zähen Abende erinnern, an denen das Schweigen immer drückender wurde. Ein heterosexueller Schüler meint dazu: »Wir sprachen nicht ein Wort. Ich beobachtete aufmerksam die Bedienung, während sich Roland mit ihr abgab.«

Bei dieser Gelegenheit interessiert er sich für seine Umwelt: »Eine üppige Negerin, der der kleine vietnamesische Kellner abrupt den Hof macht«, und zwei Franzosen, die »über Tennis reden«. Nichts entgeht ihm. Ihm fällt auf, dass der eine der beiden »zweimal zum Pinkeln« geht. Ab einem gewissen Alter hat man Verständnis für ... Prostatabeschwerden. Dieser verdrießliche Abend unterstreicht einmal mehr das Scheitern seiner Beziehung zu dem anderen Roland. »Dennoch war es der Abend, an dem die im Juli geplante Angelegenheit zu einer Entscheidung kommen sollte.«

Um was für eine Angelegenheit handelt es sich? Um eine gemeinsame Reise, wie sie deren schon mehrere unternommen haben? Oder um ein sexuelles Spiel, um den Aufbau eines neuen Trios, wie an jenem Abend, als Roland versucht hat, einen seiner Schüler ins Bett des anderen Roland zu bugsieren? Wie auch immer, der Meister ist »müde, ohne den nötigen Schwung, diese Angelegenheit zu beenden«. Er macht nicht die geringste Andeutung, der andere Roland auch nicht. »Alles in allem, das war das, die beidseitige Antwort. Hervorragende Methode, um die Begierde zu töten.« Mit Pauken und Trompeten begonnen, zerfließt das Wochenende nun in nichts: Manchmal ist es unklug, sich mit seinem Ex zu treffen.

28 Trauer um die Jungs

Vielleicht ist dies die letzte Vernarrtheit des Meisters, das letzte von ihm umworbene Böcklein. Am 11. September trifft er Michel Foucault und Edgar Morin auf einer Cocktailparty, aber sein Rendezvous mit Olivier beschäftigt ihn stärker. Wohin zum Abendessen? Selbstverständlich ins Bofinger! Doch auch diesmal ist er enttäuscht:»Es ist mir weniger gut und weniger angenehm vorgekommen: zu viele Leute, der Champagner nicht kalt genug.«

Champagner für Olivier! Die beiden Männer gehen zu Fuß zurück durch die Rue Saint-Antoine und die Rue de Rivoli:»Ich war flüchtig mit der Art und Weise beschäftigt, wie wir uns verabschieden würden, ließ mich aber zugleich treiben.« Das Wetter ist»mild, ein wenig neblig«. Dieser von Barometern Besessene hält sich in seinem Tagebuch bereitwillig mit dem Wetterbericht auf. Die Straßen sind verlassen:»Das sind die Tagesviertel«, schreibt er in einer hinreißenden Verkürzung.

Am Place du Châtelet kommt es zum Abschied:»Olivier wollte nicht mit nach Hause kommen, was ich vorausgesehen hatte, und gerade davor hatte ich Angst gehabt, gleichermaßen für mein Verlangen als auch für meinen Schlaf.« Es ist spät für einen alten Knaben wie Roland. Aber man verabredet sich für den kommenden Sonntag. Die beiden Männer verabschieden sich:»Er hat mich nicht umarmt, aber das hat mich nicht im Geringsten verletzt, so wie es früher der Fall gewesen wäre.« Mit zunehmendem Alter reicht ihm die Aussicht auf ein Mittagessen.

Ein nicht wirklich »vergeblicher« Abend mit Olivier. Trotzdem bleibt er »unersättlich« und geht weiter zu Fuß in Richtung Saint-Michel: »Ich wollte noch, obwohl ich müde war, Jungsgesichter sehen, aber dort waren so viele Jüngere, dass man mir feindlich gesonnen war.« Dieser Liebhaber der Jugend fühlt sich immer öfter auf seinen Status als Alter verwiesen.

In Erwartung von Olivier ... Am 13. September hat er wieder einen »vergeblichen Abend«. »Ausgesprochen vergeblich«, wie er gleich zu Beginn präzisiert. Der Abend fängt schon schlecht an. Da es »zugleich stürmisch und nicht warm« ist, weiß er nicht, was er anziehen soll und entscheidet sich schließlich für den blauen Blouson ohne Innentasche, den er in New York gekauft hat. Er fühlt sich eingeschnürt, »vollgestopft mit Sachen«. Am Schluss dieses Abschnitts über Kleiderfragen steht: »Schon jetzt fühle ich mich in Hinblick auf diesen Abend nicht wohl.«

Im Museum für Moderne Kunst findet eine sehr pariserische Vernissage statt. Wie so oft bei vergleichbaren Gelegenheiten, besteht sein Vergnügen darin, Sätze im Vorübergehen aufzuschnappen. Zum Beispiel den: »Viel Mist, aber nicht alles.« Ziemlich schnell »verabschiedet er sich auf Französisch« wieder. In Begleitung eines Bewunderers, bei dessen Schmeicheleien er sich »zusammenreißen muss«, trinkt er im Alma ein Glas, niedergeschlagen aufgrund seines Abendprogramms: »Ich bin starr vor Verdruss, weil ich ins Théâtre Gymnase zur Premiere von Pinters *No Man's Land* gehen muss.« Früher war er oft ins Theater gegangen, hat viel darüber geschrieben, nun geht er fast gar nicht mehr, weil er sich dort so oft langweilt.

»Wie eine lästige Pflicht«, Metro in Richtung der Grands Boulevards. Ein Viertel, das er entschieden nicht mag. »Überall kleine halbseidene Restaurants, überall drittklassige oder Pornokinos.« Am Rive droite wusste er fast nur den Gare du Nord zu schätzen, einen der »wenigen heiligen Orte von Paris«, wie er erklärte. Seiner Gewohnheit nicht untreu werdend ist er zu früh da. »Ratlos angesichts der Vorstellung, in einem Premierensaal« mit seinem blauen Blouson »warten zu müssen«, geht er ein wenig spazieren, was »für Pinter verhängnisvoll« ist. Er verzichtet darauf, rechtzeitig zum Theater zurückzukehren. Soll er im Flore Zuflucht suchen? Es ist zu früh: »Das hätte den Abend zu sehr in die Länge gezogen.«

Er fügt sich in sein Schicksal und geht ins Kino, macht einen Film von Pialat ausfindig, *Mach erst mal Abitur*, von dem ihm Jean-Louis gesagt hat, er sei »auf seine Weise sehr gut, abgesehen von den affektiv-intellektuellen Eindrücken, die nur für ihn von Bedeutung sind«. Seine Zuneigung für Jean-Louis ist unerschütterlich ... Roland findet den Film zugleich »perfekt, er rechtfertigt all das Gute, das man darüber sagt«, und »anstrengend«: »Es gab dort so etwas wie einen Rassismus gegen die Jugend. Ich fühlte mich völlig ausgeschlossen.« Da möchte er wohl lieber über den Rassismus gegen die Alten sprechen.

Da bleibt ihm nur noch übrig, wieder seinen Heimathafen anzusteuern: Saint-Germain-des-Prés. Unweit des Drugstore hält ihn ein Gigolo auf: »Ich war überrascht von seiner Schönheit, der Zartheit seiner Hände.« Roland ist im Viertel derart bekannt, dass er nicht auf die Gigs zugehen muss, sie gehen auf ihn zu ... »Aber, eingeschüchtert und müde«, verdrückt er sich. Sein Überdruss wächst und wächst.

Dieser Überdruss ist es wohl auch, der die Fortführung seines Tagesbuches verhindert. Drei Tage später berichtet er dennoch von seinem Rendezvous mit Olivier. Das ist der Schlusspunkt dieser »Pariser Abende«. Das Mittagessen findet in der Rue Servandoni statt. Roland schreibt: »Ich hatte auf seinen Empfang alle die Mühe verwendet, die bei mir für gewöhnlich das sichere Zeichen dafür ist, dass ich verliebt bin.« Der verliebte alte Narr hat die kleinen Teller in die großen gestellt: Seine potenziellen Liebhaber hat er stets besser, viel besser behandelt als den Rest der Menschheit. Aber der Zauber wirkt nicht mehr. Oliviers Scheu und Zurückhaltung lassen ihn erstarren:»Nicht die geringste Beziehungseuphorie, weit gefehlt.«

Das ist der Anfang vom Schiffbruch.»Ich habe ihn gebeten, sich während meines Mittagsschlafs neben mich auf mein Bett zu legen.« Da er sehr früh aufzustehen pflegte, legte er sich für gewöhnlich nach dem Mittagessen hin. Roland schlägt Olivier keineswegs vor,»Schiffchen zu machen«: Das bleibt Romaric vorbehalten. Aber er sehnt sich nach»Nähe«. Das Böcklein nicht:»Er ist sehr lieb mitgegangen, hat sich auf die Kante gesetzt und in einem Bildband geblättert.« Der Trick mit dem Nachmittagsschlaf funktioniert nicht:»Sein Körper war sehr weit weg: nicht das geringste Entgegenkommen.« Olivier geht bald wieder ins Wohnzimmer.

Roland ist wieder allein. So allein wie noch nie:»Mich überkam eine Art von Verzweiflung, mir war zum Weinen zumute.« Wie hätte er daraus nicht den einzig richtigen Schluss ziehen können:»Ich sollte offenkundig erkennen, dass ich den Jungs entsagen muss, weil da keine auf mich gerichtete Begierde existiert, und ich zu gewissenhaft oder zu ungeschickt bin, um ihnen die meine aufzudrängen.« Er vergegenwärtigt sich die letzten Flirts mit jungen Männern:»Es war jedes Mal ein Reinfall.« Seit er die 50 überschritten hat, blitzt er nur noch ab:»Ich führe deshalb ein trauriges Dasein.« Seine Verzweiflung speist sich aus seiner Unfähigkeit, eine echte Beziehung anzuknüpfen, im Gegensatz zu derjenigen, die ihn lange Zeit mit Mam verbunden beziehungsweise an sie gefesselt hat.

Er sieht sich mit einer»unumstößlichen Tatsache« konfrontiert: Er muss die Hoffnung aufgeben, verführen zu können. »Mir bleiben nur noch die Gigolos.« Roland mochte die Gigolos. Er hat sogar überlegt, ein Buch über sie zu schreiben.»Er sagte, ein gewiefter Gigolo könnte die Welt erobern«, erinnert sich Jean-Louis. Aber auf die Böcklein verzichten? Unerträglich! »Was soll ich denn machen, wenn ich ausgehe? Die jungen Männer fallen mir unaufhörlich ins Auge.« Sein Verzweiflungsschrei lautet: »Wie wird das Schauspiel der Welt für mich aussehen?«

Als er ins Wohnzimmer zurückkehrt, bittet ihn Olivier, Klavier zu spielen. So hält er ihn auf Distanz. »Er hatte sehr schöne Augen und ein sanftes Gesicht, überschattet von seinen langen Haaren. Ein zartes, jedoch unzugängliches und geheimnisvolles Wesen.« Der Meister ist nicht länger in der Stimmung für Schumann: »Ich habe ihn weggeschickt, habe gesagt, dass ich arbeiten muss.« Er hat begriffen, dass – über Olivier hinaus – »etwas vorbei ist: die Liebe eines Knaben.« Nach der Trauer um Mam, die Trauer um die Liebe. Davon wird er sich nicht mehr erholen.

29 Der dritte Trauerfall

Der Meister hat mit mehreren Freunden über das Konzert von Serge Gainsbourg gesprochen, das er im Dezember 1979 im Palace besucht hat. André Téchiné hat er versichert, die Aufführung gemocht zu haben, wobei er meinte, der Sänger, der ein wenig zu sehr der freien Liebe fröne, werde übertrieben »verteufelt«. Er hat sich auch beklagt, die Worte nur schwer verstanden zu haben, weil die Musik zu laut war. Das war das Einzige, was er am Palace nicht schätzte: die große Lautstärke, die für einen Mann seines Alters zu viel war.

Ein Journalist hat ihn darauf aufmerksam gemacht, dass Gainsbourg das »talking over« anwendete: Er sang nicht, er sprach bloß zur Musik. Seiner Gewohnheit gehorchend hat sich Roland diesen Ausdruck aufgeschrieben. Dieser Liebhaber der französischen Sprache beherrschte das Englische schlecht, ohne sich jedoch über das Voranschreiten des »Franglais« zu beunruhigen. Renaud Camus erinnert sich, gesehen zu haben, wie eines Tages das Heftchen gezückt wurde, als er in einem Taxi verkündete, einer seiner Freunde habe eine »Off-Intelligenz«.

Offenkundig hat der Meister niemandem anvertraut, wie sehr er sich zu Beginn des Konzerts gelangweilt hatte. Die Erschöpfung, über die er mehr und mehr klagt, trägt dazu bei, seine Stimmung zu trüben, macht ihm alles Arbeiten schwer. Da er seinen Urlaub damit zugebracht hat, *Die helle Kammer* in die Schreibmaschine zu hämmern, hat er – ganz gegen seine Gewohnheit – während des Sommers in Urt nicht die Vorlesung vorbereitet, die er im Winter am Collège de France hält. Er schreibt sie im Herbst in Eile nieder. »Das Manuskript lässt erkennen, wie lustlos er war«, versichert Antoine. »Es gibt praktisch keine Streichungen, die Schrift ist undeutlich, kaum wiederzuerkennen.« Man kann sagen, dass das Manuskript eine Art Todesanzeige ist: Nach der Trauer um Mam, nach der Trauer um die Knaben, kündigt er hier die Trauer um den Roman an. Roland hat begriffen, dass nach seinen »Pariser Abenden« Schluss ist. Und sein »Großes Werk«? Eine kindische Idee! Er fühlt sich alt ...

Wohl gerade wegen seiner Erschöpfung lobt er jetzt den Müßiggang. In Le Monde erscheint unter dem Titel »Die Faulheit wagen« ein regelrechtes Manifest. Es ist in erster Linie an ihn selbst gerichtet: »Ich habe der Faulheit keinerlei Platz in meinem Leben eingeräumt, das ist ein Fehler.« Sein Problem sei, erklärt er, dass er nicht wisse, wie er sich beschäftigen soll, wenn er »beschließt, nichts zu tun«. Sport? Er hat nie welchen getrieben. Lesen? »Aber das ist doch meine Arbeit!«, ruft er aus. Er lässt einfließen, er würde gern malen, ohne jedoch zu sagen, dass ihn Mams Tod fast gänzlich von seinen »Kritzeleien« abgebracht hat.

Noch überraschender ist, dass er der Zeit nachtrauert, in der Männer sich mit Handarbeiten beschäftigten: Seither verböten es ihnen die »guten Sitten« zu stricken. In seiner Skizze »Vita nova« hatte er bereits einen Aufschwung des Strickens vorausgesagt. Warum dieses plötzliche Interesse für Nadelarbeiten? »Es handelt sich dabei um eine unaufwändige, willkürliche und endlose Handarbeit.« »Mamie« träumt davon zu stricken! Ebenso versichert er manchmal, der Zeit nachzutrauern, in der Männer noch Roben trugen.

In diesem Herbst hat der Meister Lust, Halt zu sagen, die Schreibarbeiten liegen zu lassen, die sich vor ihm auftürmen. Er träumt von einem »philosophischen Nichtstun«. Die »Akedia«, die ihn umfangen hält, lässt ihm alles nutzlos erscheinen. Am Tag nach Mams Tod hatte er den Hörern im Collège dargelegt, er fühlte sich wie »ein Reifen, der Luft verliert«. Jetzt ist der Reifen platt, völlig platt.

Wenn er schon keinen Roman schreibt, warum führt er dann in der Zwischenzeit nicht ein Tagebuch? So lautet der Rat eines Kollegen vom Collège de France, mit dem er im Herbst ein Glas am Place Sulpice trinkt, und auf den er bei dieser Gelegenheit extrem niedergeschlagen wirkt. Der Meister antwortet, dass er nur ein einziges Ziel hätte: etwas zu schreiben, dass einem Roman ähneln würde. Zweifellos wird ihm beim Überarbeiten seiner »Pariser Abende« auch bewusst, dass ein Tagebuch ein schreckliches Bild von ihm widerspiegeln würde: das eines Orientierungslosen.

Künftig muss er sich, was Streicheleinheiten angeht, an Gigolos halten, oder an Youssef, der ihm als Schlepper dient. Nicht sehr befriedigend! Er beschwert sich, dass die Gigolos keinen hochkriegen und über Youssefs Ränke. Die Houëlianer haben sich inzwischen am Place de Rungis, mitten im XIII. Arrondissement, niedergelassen. Das ist für Roland eine zusätzliche Unannehmlichkeit: es ist weit entfernt und eine direkte Busverbindung dorthin gibt es nicht. Aber Youssef organisiert ebenda Abendessen mit Jungs, die sich manchmal selbst verleugnen und bereit sind, seine Erwartungen zu erfüllen. Jetzt, wo Mam nicht mehr da ist, kommt es vor, dass er die Nacht am Place de Rungis verbringt. So auch gemeinsam mit einem italienischen Schauspieler, der auf der Durchreise in Paris weilt. Am anderen Morgen fragt Youssef, ob alles gut gelaufen ist. Roland stöhnt: »Das ist ein Perverser.« Youssef ist erstaunt. Antwort: »Um mit einem Greis wie mir zu schlafen, muss man pervers sein.«

Er beklagt sich über Youssef, kann ihn jedoch immer weniger entbehren. Die Seele der Houëlianer ist sein Mann für alle

Fälle. Der Meister sieht ihn beinahe täglich, meistens im Flore. Youssef ist sich bewusst, dass er im Leben des Meisters zu viel Raum einnimmt. »Ich habe ihm vorgeworfen, zu stark von mir abhängig zu sein.« Jean-Louis hat eine einfache Erklärung für die immer wichtigere Rolle seines Partners. Nach Mams Tod schien Youssef auf gewisse Weise zu »Rolands Mutter« geworden zu sein, zu dem Menschen, der seine Verbindung zur Welt darstellte.

Der andere Roland geht mit dieser Verirrung besonders hart ins Gericht. In seinen Augen ist der Meister buchstäblich von einer Bande, deren »weltlicher Versorger« er war, »gekidnappt« worden. François, sein Freund und Verleger, merkt an, ohne Schuldzuweisungen zu machen, dass nach Mams Tod seine zweite Familie, seine schwule Familie nach und nach zu seiner eigentlichen Familie geworden sei. Der kleine Bruder und Rachel werden dort mehr und mehr integriert. Die Verbindung der beiden Zweige, undenkbar zu Mams Lebzeiten, findet statt.

Doch das Leben des Meisters kann sich durchaus noch schizophrener gestalten: Am Abend des 31. Dezember kommen Youssef und Jean-Louis zu Champagner und Gänsestopfleberpastete in die Rue Servandoni, wo man Mitternacht abwartet. Der kleine Bruder und seine Frau sind zugegen. Stets Opfer von Wehwehchen, zieht sich Rachel um halb zwölf in den fünften Stock zurück. »Sie hätte trotzdem bis Mitternacht warten können«, bedauert der Meister. Nach seinem Tod wird der kleine Bruder die Houëlianer weiter besuchen, als Ersatz für seinen Bruder wird er zur Attraktion ihrer Abendgesellschaften werden.

Roland war klug genug, um seine jungen, einigermaßen zügellosen Freunde manchmal nicht ganz ernst zu nehmen. Aber er ist weit weniger geneigt, auf Abstand zu ihnen zu gehen, sind sie doch fortan sein wertvollstes Gut. Das einzige, das ihm

noch bleibt. Mam ruht auf dem Friedhof von Urt, sein Liebesleben ist eine einzige Pleite, sein Werk löst sich in Wohlgefal-
len auf: Sein einziger Erfolg ist dieses Netzwerk junger Männer.
Ohne sie wären seine Abende mehr als »vergeblich«. Offen gesagt, sie wären verzweifelt.

30 Verstellung

Wieder am Collège. Am 1. Dezember steht der Meister für sein viertes und letztes Jahr erneut am Katheder. Erneut behandelt er »Die Vorbereitung des Romans«. Erneut kommt seine Vorlesung als eine Folge von Geständnissen in Plauderton daher. Wird er die angekündigte Umwandlung verwirklichen? »Letzte Spannung, deren Lösung ich selbst nicht kenne«, merkt er am ersten Samstag an. »Aber leider nur für mich allein eine Spannung, denn ich nehme an, dass es Ihnen gleichgültig ist, ob das Werk vollendet wird.« Stets dieses Gefühl des Alleinseins: Er hätte es wohl gern gesehen, dass seine Hörer sich erhoben und applaudiert hätten, um ihm zu zeigen, wie ungeduldig sie auf das »Werk« warten.

Er lügt. Er kannte die »Lösung« der Spannung genau. Die gesamte Vorlesung ist bereits niedergeschrieben. Inklusive der einen Monat zuvor an Allerheiligen aufgeschriebenen Lösung: Er fühlt sich außerstande, einen Roman zu schreiben. Aber im Verlauf dieser letzten Veranstaltung am Collège wird er so tun als ob: Als ob er unermüdlich auf der Suche nach dem Schlüssel ist, als ob er darauf wartet, dass es »Klick macht«. Wie kann man unter diesen Umständen in dieser letzten Vorlesung etwas anderes sehen als eine Übung zum Thema Verstellung.

Man verzeiht es ihm angesichts seiner unverwüstlichen Bescheidenheit. »Ich träume«, erklärt er, »von der Herstellung eines Gegenstandes, wie es ein Handwerker tut.« Er fühlt sich dem Bäcker in Urt verwandt ... Auf intellektuellem Gebiet glaubt er, einen Rang zu bekleiden, bestimmt nicht den allerersten, aber dennoch einen einzigartigen. Auf dem Gebiet der Literatur ist er so schüchtern wie ein Debütant. Er stöhnt: »Ich, der ich nicht wirklich ein Schriftsteller bin ...« An einem anderen Samstag führt er das genauer aus: »Ich halte mich nicht für einen Schriftsteller, aber ich muss mich für jemanden halten, der schreiben will.« Ohne dass er es jetzt schon wüsste, er wird nie dorthin gelangen.

Seine Hörer entgehen nicht einem neuen Klagelied über seine Schwierigkeiten, seinen weltlichen Verpflichtungen zu entkommen. »Um Zeit zum Schreiben zu haben, muss man die Feinde bis aufs Blut bekämpfen, die einem Zeit rauben. Es existiert eine Feindschaft zwischen der Welt und dem Werk.« Indem er sich darüber beklagt, in der »Verwaltung« festzustecken, stellt er eine sonderbare Rechnung auf: »Um das Gewicht dieser Erledigungen zu begreifen, genügt es, ein wenig Buch zu führen.« Im »Tagesverlauf eines Schriftstellers« unterscheidet er vier Abschnitte: 1. das Notwendige: »essen, schlafen, sich waschen«; 2. die schöpferische Arbeit: »das Buch, die Vorlesung, schon weniger schöpferisch als das echte Schreiben«; 3. diese verflixte Verwaltung: »Korrespondenz, Manuskripte, writings, unvermeidbare Interviews, Fahnenkorrekturen, Besorgungen (Friseur!), Vernissagen und Filme von Freunden«. Ach, wenn er doch nur kahl wäre und nicht eine schöne silbergraue Haartracht sein eigen nennen würde! Ach, wenn es doch keine Filmemacher unter den Houëlianern gäbe! Wie viel gewonnene Zeit! 4. »Umgang, Geselligkeit, Freundschaft«.

Wie ein wahrer Knauser stellt er seine Rechnung auf: »All das auf 24 Stunden verteilt, zehn Stunden für das Notwendige, vier für die Geselligkeit (zum Beispiel die Abendgesellschaften), fünf für die schöpferische Arbeit und fünf für die Verwaltung.« Daraus folgt: »Die Verwaltung, eine reine Versorgung, braucht genauso viel Zeit wie die schöpferische Arbeit.« Er seufzt: »Das ist enorm viel.« Wie soll man da herauskommen? Wie kann derjenige, »der ein Werk niederschreiben will, sich gegen die Übergriffe, die Ansprüche der Verwaltung schützen«?

Die Antwort lässt sich in einem Wort zusammenfassen, das Roland selbst am 19. Januar ausspricht: »Michelet spricht irgendwo von einem Volk der Antike, das zugrunde ging, weil es nicht Nein sagen konnte.« Nein sagen, auch er kann das definitiv nicht. Mit seinem ganzen Wesen weigert er sich, »zur unüberwindlichen Aggression des Neins zu greifen«. Zweifellos rührt diese Ablehnung von Mam her, die ihm nie Nein gesagt hat. Selbst dann nicht, als er sich gegen ihre Wiederverheiratung gestemmt hat. Zweifellos leidet er auch unter dem wiederholten Nein der Böcklein.

Bleiben wir bei dem Bild: Er steht am Katheder im Collège de France, seine Vorlesung ist mehr denn je *das* Ereignis, das nicht versäumt werden darf, samstags, in Paris, zu Beginn jenes Jahrzehnts. Und dennoch verbringt er – wie auch im Kreise seiner Freunde – seine Zeit damit, sich zu beklagen. »Man bittet sie, den Schriftsteller zu geben, Interviews, Vorworte zu verfassen, ohne zu berücksichtigen, dass das Zeit in Anspruch nimmt«, wirft er, undankbar, seinem Auditorium vor. Die Kehrseite der Medaille. Es hat etwas Anstößiges, dass man sich, wenn man sich über die Masse der Sterblichen erhoben hat, derart mit seinem Schicksal hadert: mit dem harten Los des Stars.

So gesehen ist er regelrecht unaufrichtig. Wenn die Verwaltung ihm so viel Zeit raubt, dann nur, weil er es so will. Da er um die Egozentrik der Gelehrtenwelt weiß, pflegt er eine ausgiebige »gesellschaftliche« Korrespondenz. Er wettert gegen den Zeitverlust durch Interviews, aber als sein letztes Buch, *Die helle Kammer*, erscheinen soll, weist er seine Pressesprecherin an, keine Gesprächsanfrage abschlägig zu bescheiden. »Er wollte nicht, dass ich als Filter fungiere«, erklärt sie. »Er fühlte sich so einsam, dass er in den Interviews Gelegenheiten zu Bekanntschaften, vielleicht sogar für eine Affäre sah.« Am Katheder träumt er laut von »Schutzvorrichtungen gegen Anfragen.« Wenn er aber über eine Pressesprecherin verfügt, deren Aufgabe es ist, ihn abzuschirmen, dann befiehlt er ihr, die Schleusen weit zu öffnen.

Gegen Ende seines Lebens ist Konsequenz nicht eben seine Stärke. Er hat geschluckt, dass das angekündigte Werk niemals das Licht des Tages erblicken wird. Also muss in Ermangelung des Schöpferischen gut gelebt und ein vernachlässigter Körper, der nach Umarmungen dürstet, befriedigt werden. Woche für Woche redet er weitschweifig. Wie stets neigt er dazu, in den Lebensläufen großer Autoren den »kleinen Dingen« nachzuspüren, die ihre Inspirationsquellen waren. Daher interessiert er sich für das »Verhältnis von Schriftstellern zum Essen«: »Was aßen sie? Wie aßen sie? Wie bizarr, wir wissen es nicht, als ob es absolut belanglos wäre.« Er führt aus, dass Proust gegen Ende seines Lebens Diät gehalten habe. Auf welche Weise folgte er seinem Vorbild? Zu Beginn der Abendgesellschaften mit seinen Freunden dreht sich alles um die nicht wirklich metaphysische Frage, welches Restaurant man wählen soll. Proust hat *Auf der Suche nach der verlorenen Zeit* nicht geschrieben, indem er in den Brasserien von Paris tafelte …

Eine weitere Laune: Der Meister macht sich Gedanken über die Kleidung von Schriftstellern. »Einige Gewänder sind legendär«, merkt er mit Hinblick auf die Schlafröcke von – einmal mehr – Proust und Balzac an. Seit er einen Bauch bekommen hat, zieht er Nachthemden den Pyjamas vor, da er es nicht erträgt, sich eingezwängt zu fühlen. Behindert das vielleicht seine Kreativität? Würde sich der in ihm schlummernde Schriftsteller wohl endlich entfalten, wenn er einen Pyjama trüge?

Auch wenn sie eifrig bei der Sache sind, werden seine Hörer mehr und mehr aus dem Konzept gebracht. »Viele hatten den

Eindruck, Roland mache sich über sie lustig«, sagt ein Schüler. Eines Samstags interessiert er sich für die Medikamente, die Romanschriftsteller einnehmen. Immer wieder diese unermüdliche Suche nach der Einzelheit, die das Ganze erklären würde. Er führt aus: »Gerade heute kann man ein Individuum nach seiner Pharmakopöe beurteilen.« Und um mit seinem eigenen Medizinschränkchen und den Arzneien gegen Migräne und chronische Bronchitis fortzufahren: »Mein Körper wäre weniger sicher, wenn ich nicht auf mein Optalidon, Eno, Aturgyl (für die Nase) und Optanox zählen könnte.« Er hält fest: Als »wahrhafte Körperprothese« müssen diese Medikamente »auf Reisen mitgenommen werden.«

Er erspart seinen Hörern nichts: was er isst, die Art, wie er sich kleidet, die Medikamente, die er einnimmt, die Wehwehchen, an denen er leidet ... Jede narzisstische Abschweifung hat letztlich literarische Gründe. *Auf der Suche nach der verlorenen Zeit* ist ihr Vorbild. »Proust ist der deutliche Auftritt des Autors, des schreibenden Subjekts in der Literatur«, merkt er an. »Das Werk ist zur Gänze mit ihm verwoben, mit seinen Orten, seinen Freunden, seiner Familie.« Man begreift, warum er sich selbst so genau unter die Lupe nimmt. »Das richtige Ich finden: Alles liegt offen da!«, ruft er am 9. Februar aus. Aber findet man tatsächlich das »richtige Ich«, wenn man Bauchnabelschau betreibt, wenn man seine kleinen fixen Ideen, seine Fehler zerpflückt?

»An den Haaren herbeigezogen?«, fragt er an einem Samstagmorgen rhetorisch. Sogleich behauptet er das Vorhandensein »einer tiefen Philosophie, die mit scheinbar bedeutungslosen Wahlen in Verbindung steht: der Wahlen, die der Körper trifft«. Dieser Verstandesmensch war mit einem Körper gesegnet, der nur tat, was ihm gut dünkte ... »Ich möchte gern nachts arbeiten, aber mein Körper gehorcht nicht«, entschlüpft es ihm. Nachts zieht es sein Körper vor, Böcklein zu jagen. Und samstags ist er nur eine Marionette, die in einem Saal des Collège de France ihren Auftritt hat.

31 Todessehnsucht

Es gibt Neuigkeiten, die tun weh, selbst wenn, oder gerade weil sie engen Freunden Freude bereiten. Der andere Roland verkündet dem Meister, dass seine Lebenspartnerin schwanger ist. Der andere Roland Vater! Roland ist niedergeschlagen, wieder wird ihm das Scheitern seiner Liebesbeziehungen deutlich. Das ist nun wirklich eine alte Leier bei ihm: »Ich habe mein Sexualleben in den Sand gesetzt, ich habe mein Liebesleben in den Sand gesetzt.« Barthes, dieser Blindgänger ... Mit dieser Geburt ist das Maß des Unglücks beinahe voll. Der Junge, den er in den 1970er-Jahren am meisten geliebt hat, wird bei Anbruch der 1980er-Jahre Familienvater. Lange Zeit hat er sich gesträubt, an seine Heterosexualität zu glauben, hat sie einer unangebrachten Schamhaftigkeit zugeschrieben. Er hat sich getäuscht. Seit zehn Jahren lebt er umgeben von jungen Homosexuellen: Er hat es geschafft, sich in denjenigen von ihnen zu verlieben, der am meisten »Bi« war. »Er hat sich nicht oft verliebt«, lässt François fallen. Wie denn auch, wenn man den Hang hat, unerreichbare Liebhaber zu wählen ...

Der Meister ist umso fassungsloser, wo er doch Kinder so sehr liebt. Wo immer ihm eines begegnet, in Paris oder in Urt, knüpft er ein Gespräch an, befragt es über seine Spiele ebenso wie über seine Hausaufgaben, auch darüber, was es sich für die Zukunft wünscht. Eines Abends nimmt eine junge Frau ihren vierjährigen Sohn zu Youssef und Jean-Louis mit. Roland widmet sich ausschließlich ihm: »Das ist das intelligenteste Kind, das ich jemals getroffen habe«, verkündet er. Der Hund eines

Houëlianers knurrt aus Neid darüber, dass der kleine Junge die ganze Aufmerksamkeit des Meisters bekommt. Der scherzt: »Man könnte meinen, er sei eifersüchtig.«

In Urt war es dasselbe: Seine Kinderliebe verblüffte alle seine Gesprächspartner. »Wenn ihm ein Mädchen oder ein Junge über den Weg lief, sagte er ihm Guten Tag und fragte stets nach seinem Namen«, erinnert sich der Taxifahrer des Ortes, der den Meister hin und wieder vom Flughafen in Biarritz oder vom Bahnhof in Bayonne abholte. Es gab bei ihm einen uneingestandenen Wunsch, Vater zu sein: Er war in dem Alter, wo er praktisch der Vater aller seiner Freunde hätte sein können. »Mamie« hätte sich gern fortgepflanzt ... »Bücherschreiben ist nicht dasselbe wie Kinderkriegen«, ließ er, bestürzt, dem anderen Roland gegenüber verlauten, der versichert: »Er war ein Vater in Wartestellung.« Ein Vater oder eine Mutter? Vielleicht gab es bei »Mamie« eher noch einen uneingestandenen Wunsch, Mutter zu werden.

Noch elf Tage bis zu dem Verkehrsunfall, der ihn das Leben kosten wird. Das Schlimmste ist, dass der Meister tagtäglich der Mutter gegenübersteht. Constance, die Lebenspartnerin des anderen Roland, ist seine Pressesprecherin und zu Beginn dieses Jahres (und des neuen Jahrzehnts) erscheint *Die helle Kammer*. Natürlich verhält er sich ihr gegenüber wie ein Gentlemen, verbirgt seine Bestürzung. Eines Morgens haben sie eine Verabredung, um über die Pressearbeit zu sprechen. Wie immer pünktlich, trifft der Meister als Erster ein und begibt sich in einen Raum im Kellergeschoss. Als er Constance die Treppe herabsteigen sieht, macht er sich Sorgen, sie könne stolpern. Er ruft ihr zu: »Gib acht, dass du nicht fällst!« Ohne Zweifel hätte er einen aufmerksamen Gatten und Vater abgegeben ... Ganz Herr alter Schule, vertraut er Constance an: »Du siehst, du hast gesiegt.« Er hätte niemals Frauen Zutritt zu seinem Seminar gestatten sollen.

Die zögerliche Aufnahme von *Die helle Kammer* nagt an ihm. Es bleibt bei *einem* Bestseller, der Frucht seiner Beziehung zum anderen Roland, jenen *Fragmenten einer Sprache der Liebe*, die ihm einen Auftritt in der Literatursendung *Apostrophes* eingebracht haben. Jetzt sieht er sich aus den Literaturseiten der Zeitungen ausgeschlossen, ebenso von den Theaterseiten: Sein Buch handelt nun mal von der Fotografie. Roland erträgt die Herabstufung nur schlecht, die ihm zum Beispiel seine Lieblingszeitung *Le Monde* antut. Der von Hervé Guibert verfasste Artikel, einem Böcklein, für das er einige Zeit lang geschwärmt hat, ist höflich, ja beinahe lobend, aber kalt. Nichts über den zweiten Teil, von dem der Meister so viel hält. Nichts über Mam, obwohl Guibert weiß, wie sehr ihm die Mutter am Herzen lag.

Auf einer Abendgesellschaft trifft er einen Kollegen, den Linguisten Tzvetan Todorov, der Mam gekannt hat und ihm zuflüstert: »Mich hat der zweite Teil ihres Buches über ihre Mutter sehr berührt.« Rolands Reaktion: »Sie wissen bestimmt, dass ich es nur wegen dieses zweiten Teils geschrieben habe. Der Rest ist nur ein Vorwand.« Der »Vorwand« löst keine Begeisterung aus. Seine Betrachtungen über das Foto werden als überflüssig eingestuft.

Er hat den Erfolg der *Fragmente* schlecht ertragen, aber den sich abzeichnenden Reinfall von *Die helle Kammer* erträgt er noch schlechter. Das ist zwar nicht das angekündigte »Große Werk«, aber er hat viel von sich, viel von Mam in dieses Werk gelegt. Sein Starstatus bringt ihm dennoch einen Auftritt im ersten Fernsehprogramm ein. Diejenigen, die ihn sehen, sind bestürzt von der Aura absoluter Bedrängnis, die der Interviewte ausstrahlt. »Das war das leibhaftige Elend«, erinnert sich ein Vertrauter, der zufällig in die Fernsehsendung geriet.

Seine Freunde sind sich einig: In den letzten Wochen wirkte er niedergeschlagener denn je. »Er schleppte sich dahin«, sagt ein Houëlianer im Vertrauen. Einige Tage vor dem Unfall begibt sich ein Houëlianer in die Rue Servandoni. Er berichtet: »Roland hat sich auf das Sofa im Wohnzimmer direkt neben mich gesetzt. Er trug einen Wollpullover und wollte mich unbedingt umarmen.« Der Houëlianer entzieht sich ihm. Der Meister ist verzweifelt. Er braucht dringend Streicheleinheiten. Was ist da schon der Umgang mit Gigolos?

Von nun an ist sein Elend offensichtlich. Vier oder fünf Tage vor dem Unfall hält ein lebender Toter einen Vortrag über »Die Vorbereitung des Romans« an der École polytechnique in Palaiseau. Antoine, der Organisator des Kolloquiums von Cerisy, der auch Ingenieur bei den Ponts et Chaussées ist, nimmt ihn in der Eingangshalle in Empfang. Der Meister hat bloß eine Einleitung und ein Schlusswort niedergeschrieben. Erneut macht Antoine seine nachlässige Schreibweise betroffen: »Sie war sehr schlecht, die Worte kaum ausgeformt.«

Ein Arzt, der ihm in diesem Augenblick über den Weg lief, wagt eine Hypothese: Der Meister litt vielleicht an einer degenerativen Krankheit, die seine geistigen Fähigkeiten beeinträchtigte. Vielleicht trug sie auch dazu bei, seine Stimmung noch stärker zu verschlechtern. »Am Morgen, beim Erwachen, weinte er«, bestätigt ein Vertrauter, der damit der *Hellen Kammer* widerspricht. Darin hatte Roland versichert, immer noch sehr unter Mams Tod zu leiden, aber nicht mehr zu weinen.

Am Telefon, einige Tage vor dem Unfall, vertraut er Julia Kristeva an, er habe »Lust, seinen Kopf in den Gips zu stecken«. Sie fragt Sollers: »Sagt man nicht, den Kopf in den Sand stecken?« »Wenn man Barthes ist«, antwortet der Schriftsteller, »darf man alles sagen.« Der Meister darf alles sagen, aber er hat keine Lust mehr dazu. Er zitiert Michelet: »Das Alter, dieser langsame Suizid.« Zweifellos sehnte sich der Meister bereits vor seinem Unfall nach dem Tod. »Er baute ab«, sagt Bernard-Henri Lévy.

32 Die letzte Vorlesung

Die letzte Vorlesung, zwei Tage vor dem Unfall. Am Samstag, den 23. Februar schließt der Meister seinen Vortragszyklus für diesen Winter mit dem öffentlichen Geständnis seines Scheiterns ab: Es ist ihm nicht gelungen, den in ihm schlummernden Romanschriftsteller zum Leben zu erwecken. Mit diesem ultimativen Scheitern sieht er sich schon seit einigen Wochen konfrontiert. Was ist sein »Großes Werk«? Ein paar »Pariser Abende« und damit hat es sich ... Er muss dieses Scheitern am Katheder eingestehen, denn er hat sich ja ganz offiziell seiner Vorlesungen bedient, um diesen unerreichbaren Roman vorzubereiten.

Vor seinen letzten Hörern steigert Roland die Spannung. Er stürzt sich in Nebensächliches, bevor er, kurz vor dem Läuten, zum Eigentlichen kommt:»In einem guten Drehbuch müsste das eigentliche Ende der Vorlesung mit der tatsächlichen Veröffentlichung des Werks, dessen Werdegang wir verfolgt haben, zusammenfallen.« Aber das dient nur dazu, um folgendermaßen fortzufahren:»Leider, was mich angeht, kann davon nicht die Rede sein. Ich kann keinerlei Werk aus meinem Hut hervorzaubern und ganz offensichtlich nicht jenen Roman, dessen Vorbereitung ich analysieren wollte.« Es kann davon nicht die Rede sein. Zwei Jahre lang Vorlesungen, und nun das.

Am niederschmetterndsten ist der folgende Abschnitt, den der Meister gestrichen hat, um ihn nicht aussprechen zu müssen:»Werde ich eines Tages dorthin gelangen? Es ist mir selbst nicht mehr klar, ob ich noch etwas schreiben werde, außer dem

Üblichen, routiniert, in steter Wiederholung. Warum dieser Zweifel? Weil die Trauer, auf die ich zu Beginn dieser Vorlesungen vor zwei Jahren Bezug nahm, meine Sehnsucht nach der Welt gründlich und auf dunkle Weise verändert hat.«

Wie kann deutlicher zum Ausdruck gebracht werden, dass es ihm nicht gelungen ist, Mams Tod zu überwinden, und dass dieser Tod ihn vernichtet hat? Er hat einige Zeit lang gehofft, er würde den Weg zu seiner Metamorphose bahnen, aber er wirft das Handtuch. K. o. geschlagen, begnügt er sich damit, das »Übliche« zu schreiben. Wie ein Automat. Es gibt Schlimmeres, als das Tagwerk eines Meisterdenkers. Artikel redigieren, Vorworte schreiben, Interviews gewähren, nichts von all dem ist der Fließbandarbeit vergleichbar. Aber Roland hat so viel in das Romanprojekt investiert, dass es ihm nach dessen Aufgabe so scheint, als ob er bei lebendigem Leibe das Totenreich betrete.

»Dennoch kann ich in einer letzten Formulierungsanstrengung versuchen«, ruft er aus, »eine Art von Umriss des ersehnten Werkes zu geben.« Es sollte »einfach, herkömmlich, begehrenswert« sein. Einfach, das heißt, seiner Auffassung nach, leserlich. »Heutzutage werden Texte leicht für unleserlich gehalten oder erklärt«, merkt er an. Ganz besonders seine. Vielleicht war das sein größtes Scheitern: seine Unfähigkeit, sich von dem Schutzpanzer, den sein Jargon für ihn bedeutete, zu befreien. Diese letzte Vorlesung macht das bis an die Grenze zur Karikatur deutlich. Er schreit seine Absicht laut heraus, endlich zugänglich sein zu wollen, bleibt aber unfassbarer denn je, wenn er folgende Regeln zur Lesbarkeit aufstellt: ein »erzählerisches oder logisch-intellektuelles Gerüst« und »ein anaphorisches System, das nicht enttäuscht«. So viel zur Klarheit!

Das ersehnte Werk soll eine Erzählung sein, nicht eine Erzählung über die Erzählung. »Die Einfachheit«, so erklärt er, »verlangt, möchte, dass man möglichst auf der ersten Sprachstufe schreibt.« In den 1950er-Jahren hat er sich einen Namen gemacht mit einem Buch über den »Nullpunkt« (des Schreibens). Dann hat er unklugerweise die darauf folgende, erste Stufe übersprungen. Sein gesamtes Werk muss in der zweiten, wenn nicht sogar in der dritten Sprachstufe gelesen werden. Die erste Stufe ist für ihn eine terra incognita. Das liegt zweifellos an seiner Einstellung zum Volk: Einzeln mochte er die kleinen Leute, denen er in Urt oder anderswo über den Weg lief; als Ganzes verabscheute er die Masse jedoch, da er sich schnell von der Gewöhnlichkeit ihrer Gefühle abgestoßen fühlte. Dieser ultimative Lobpreis auf die erste Sprachstufe wirkt wie eine Selbstkritik: Seine Unlesbarkeit hatte ihn »von den Massen abgeschnitten«, wie die Marxisten sagen würden.

Merkwürdigerweise spielt Roland nicht auf Mam an, wenn er sich wünscht, das Werk möge »herkömmlich« sein. Man kann unschwer erkennen, dass das sein Wunsch ist ... auf der zweiten Stufe. Auf der ersten Stufe müsse das Werk ihm zufolge »eine bestimmte Herkunft« von den klassischen Autoren »akzeptieren«. Auch da klingt der Vorschlag wieder nach Selbstkritik. Das Neue müsse künftighin avantgardistischen Schlagworten misstrauen. »Anzukämpfen gegen die politischen Entfremdungen der Sprache«, ist »verlockend«, bemerkt er, aber »die Gesellschaft folgt nicht.«

Bleibt nur noch »begehrenswert«. Roland nimmt Bezug auf eine bereits in den *Fragmenten* dargelegte Überzeugung: Das Begehren ist stärker als die Lust. Nun muss noch in aller Kürze das Scheitern seines Versuchs erklärt werden: »Warum also schreibe ich dieses Werk nicht, nicht sofort, noch nicht?« Er gibt nur einen einzigen Grund an: »eine gewisse moralische Hemmung.« Das »Ausklammern von Werken der zeitgenössischen Moderne« fällt ihm schwer. Die »Bezogenheit des BEGEHRENS« auf die Vergangenheit bedeute »eine Art von Regression«. Wie kann man ein klassisches Werk schaffen, wenn man sein Leben der Erkundung der Wege des Neuen geweiht hat?

Hier ist der Augenblick gekommen, an dem man Abschied nehmen muss: »Worauf ich warte«, wiederholt er, »ist ein Auslöser, eine Gelegenheit, eine Verwandlung.« Er zitiert Nietzsche: »Werde, was du bist.« Ein kolossales Eingeständnis: Mit 64 Jahren ist er unfähig, sich mit sich selbst zu versöhnen, seine wahre Natur anzuerkennen, endlich geboren zu werden. Er ist darauf angewiesen, auf ein Wunder zu warten, von dem er weiß, dass es nie geschehen wird.

Das Wesentliche steht natürlich in dem gestrichenen Abschnitt: Der Tod von Mam hat für das »Subjekt« das Ende des Begehrens bedeutet. Der Begierde zu leben. Am 2. November 1979 hat Roland die Niederschrift dieser letzten Vorlesung, die wie ein Klagegesang klingt, abgeschlossen, an einem Totensonntag.

33 Der letzte Reinfall

Einen Tag später, am 24. Februar, ist Roland am Flughafen in Orly. Um in angenehmere Gefilde zu entfliehen, nach jener in völliger Auflösung abgeschlossenen Vorlesung? Keineswegs. Er spielt den Chauffeur für den kleinen Bruder, der zusammen mit Rachel aus Israel zurückkommt. Am Steuer seines roten Käfers wartet er auf sie. An sich stellt es keine unüberwindliche Schwierigkeit dar, von Orly wieder nach Paris zu gelangen, selbst an einem Sonntag nicht. Trotzdem ist er da, einmal mehr überpünktlich, um seinen jüngeren Bruder und dessen Frau in die Rue Servandoni zu geleiten. »Er empfand für seinen Bruder eine animalische Solidarität«, merkt ein Houëlianer an.

Es gab ausgesprochen viel Animalisches in dieser Familie: die gierige Art, wie die Jungen aßen, die instinktive Bindung, die sie einte. Bis zum Schluss haben sich Roland und der kleine Bruder wie zwei aus ein- und demselben Wurf benommen. Der Zweitgeborene begreift nicht, dass man sich über die Fürsorglichkeit seines älteren Bruders wundert: »Es ist doch normal für eine Familie, sich gegenseitig zu helfen.« In Wahrheit war die Solidarität eingleisig. Das mag gerade noch angehen, wenn Roland sein eigenes Auto zur Verfügung stellte. Aber nicht, wenn es darum ging, als Chauffeur zu dienen.

Am Abend treffen die beiden Brüder Jean-Louis, Youssef und einen seiner Brüder, Rafic, im Bofinger. Wie üblich klagt der Meister während des Abendessens. Er hat sich einer lästigen Verpflichtung nicht entziehen können: einem Mittagessen am folgenden Tag mit François Mitterand, der da immer noch

Vorsitzender der Sozialistischen Partei ist, zusammen mit einigen anderen Berühmtheiten. »Er stöhnte: Das wird mit der Unterzeichnung einer Bittschrift zur Unterstützung der Präsidentschaftswahl enden«, erinnert sich Youssef. »Er fand dieses Mittagessen sterbenslangweilig, zuletzt langweilte ihn alles zu Tode«, lässt Jean-Louis verlautbaren.

Schon am Wochenende hat er seine Freunde mit dem Thema dieses vermaledeiten Essens angeödet. »Was für eine blöde Idee, Gelehrte um sich zu scharen, das ist lächerlich!«, sagt er verärgert am Telefon zu Philippe, seinem Freund, dem Botschafter, der aus Tunis zurückgekehrt ist. Philippe bestätigt, dass Roland das unangenehme Gefühl hatte, gegen seinen Willen in eine Wahlkampagne von Mitterand hineingezogen zu werden. Bis zuletzt konnte er nicht Nein sagen. Der Veranstalter dieses Mittagessens, Jack Lang, der bereits als Mann für die Kultur bei Mitterand tätig war, sagt: »Ich schließe nicht aus, dass er meinetwegen gekommen ist.« Die beiden Männer tranken regelmäßig ein Glas im Bonaparte. Früher hatte Lang den Meister einmal aufgefordert, für das Theater zu schreiben.

Bis an sein Ende hatte Roland Geschmack am fernen Osten. Nun bediente er sich des *I Ging*, einer Art chinesischem Tarot, um zu erfahren, wie er sich verhalten sollte. »Es ist ganz schlimm«, vertraut er Jean-Louis und Youssef an, die ihn zum Bofinger abholen kommen. »Er hatte das Zeichen der völligen Auflösung gezogen«, gibt Jean-Louis preis, »ein Zeichen, das einen dazu veranlassen soll, das Haus unter keinen Umständen zu verlassen«, um eine drohende Katastrophe zu vermeiden.

Dass Roland sich derart auf dieses Mittagessen eingeschossen hat, zeigt, dass ihm gerade alles auf die Nerven geht. Einige Jahre zuvor hatte er mit Valéry Giscard d'Estaing im Élysée-Palast zu Mittag gegessen, was eine ganze Reihe seiner Freunde aus der Linken vor den Kopf stieß. Er hatte es mit dem Anspruch auf sich genommen, ihm stehe das Recht zu, »neugierig«

zu sein. Vielleicht beeinflusst ihn die anfängliche Anti-Mitterand-Haltung seines Freundes Sollers, der den Vorsitzenden der Sozialistischen Partei für einen mittelmäßigen Politiker hält. Der Meister fasst sogar ins Auge abzusagen. Einzig Jean-Louis rät ihm, hinzugehen: Es gibt immer etwas, woran man bei dieser Sorte von Gastmahlen Vergnügen haben kann.

Am Montagmorgen sitzt er an seinem Schreibtisch und tippt den letzten von ihm redigierten Text mit der Schreibmaschine ab: einen Vortrag, den er im Rahmen eines Kolloquiums über Stendhal halten muss. Die Überschrift gibt seinen Geisteszustand wieder: »Man scheitert immer beim Sprechen über das, was man liebt«. Er kommt mit der Niederschrift der langen Reihe seiner Schiffbrüche zu keinem Ende. Seine letzte Vorlesung, zwei Tage zuvor, hätte überschrieben werden können: Man scheitert immer beim Sprechen über die, die man liebt.

Zweifellos hat der Meister, als er über Stendhal nachdenkt, seine Unfähigkeit im Hinterkopf, sich zum Romanschriftsteller zu mausern. Aber was will er nun wirklich mit dieser Überschrift sagen? Stendhal war es anfangs nicht gelungen, seine Liebe zu Italien in Reisebeschreibungen zum Ausdruck zu bringen. Also beschrieb er die Halbinsel 20 Jahre später in *Die Kartause von Parma* auf »brillanten Seiten«, die »den Leser mitreißen«. »Wie kam es zu dieser Umkehrung?« Weil Stendhal »vom Reisebericht zum Roman« übergegangen war.

Roland ist sich dessen umso stärker bewusst, da auch er Italien liebt. Er hat im Januar einen Kurztrip dorthin gemacht, anlässlich der Verleihung eines Preises an den Filmemacher Michelangelo Antonioni. Eines Abends, im Bahnhof von Mailand, hat er eine seiner letzten Gefühlsaufwallungen erlebt: »Ein Zug fuhr ab: Auf jedem Waggon standen auf einem Schild folgende Worte: Mailand-Lecce. Ich geriet ins Träumen: Diesen Zug nehmen und die ganze Nacht durchreisen, dann fände ich mich am Morgen im Licht, in der milden Luft einer Stadt am äußersten Rand wieder.« Der trostlosen Lieblosigkeit der gewohnten Orte entrinnen ... was für ein Traum!

In diesem letzten Text versucht der Meister das Stendhal'sche Wunder zu begreifen. »Zwischen dem Reisebericht und der *Kartause* fand das Schreiben statt. Das Schreiben, was ist das? Eine Macht!« Eine Macht, die ihn auf sein eigenes Unvermögen zurückverweist. Die Mam gewidmeten Seiten seiner Abhandlung über die Fotografie werden die Erinnerung an sie wachhalten. Aber Roland weiß, wie wenig das ist. Ohne die Unterstützung des Romans fühlt er sich wie ein »der Sprache beraubtes Kind«. Das Wunder des Schreibens hat sich nicht eingestellt: Er hat die Verklärung von Mam verpatzt.

34 Ein Mittagessen der Spitzenkräfte

Wirklich ein gelungenes Mittagessen! »Wir haben viel gelacht«, versichert Danièle Delorme. Die Schauspielerin ist immer noch und für immer entzückt von Mitterands Charme: »Wie lustig François sein konnte!« Der Vorsitzende der Sozialistischen Partei hat die Unterhaltung an sich gerissen. Außer ihm haben sich laut Jack Lang aber noch zwei weitere »gute Gesprächspartner« hervorgetan: der Historiker Jacques Berque und Rolf Liebermann, damals Intendant der Pariser Oper. Im Gegensatz dazu erinnern sich weder Danièle Delorme noch Jack Lang an einen Ausspruch des Meisters: »Er war von Natur aus zurückhaltend«, merkt Letzterer an.

Zu jener Zeit war die Sozialistische Partei nicht gerade auf Rosen gebettet: Lang veranstaltete bei sich in der Rue Danton »Empfänge für Wissenschaftler und Kreative« und »kümmerte sich um das Essen« selbst, für gewöhnlich »einfach aufzuwärmende Gerichte«. Der Sozialistenführer kann sich nicht erinnern, warum das Mahl an jenem Montag im Marais bei seinem Freund Philippe Serre stattfand. Seine Wohnung war wohl zu klein, es waren immerhin zehn Leute geladen. Serre war ein »Christ von der Linken, einer der 24 Parlamentarier, die Pétain die Vollmacht verweigert hatten.«

Was die anderen Gäste angeht, so ist das Gedächtnis des ein oder der anderen ebenso lückenhaft. Jack Lang fragt sich, ob Lionel Jospin nicht auch zugegen war. Youssef, der am Vorabend mit dem Meister im Bofinger zu Abend gegessen hat, glaubt, dass ein anderer zukünftiger Minister der Linken unter den Gästen gewesen sei: Thierry de Beaucé. In Vertrauen auf ihr visuelles Gedächtnis versichert Danièle Delorme, dass Roland zwischen Jack Lang und der Historikerin Hélène Parmelin saß. Die Erinnerungen sind noch undeutlicher, was die besprochenen Themen angeht. »Es wurde über Talleyrand gesprochen«, glaubt sich die Schauspielerin zu erinnern, die daraufhin ausruft, sich ihrer plötzlich ganz sicher: »Und dann wurden Witze erzählt.«

Was muss es der Meister bereut haben, dieser Einladung gefolgt zu sein. Er, der komische Geschichten verabscheut! Nun muss er über die der anderen lachen und, schlimmer noch, er muss dableiben. Kein Wunder, dass sich niemand erinnern kann, seine Stimme gehört zu haben. Danièle Delorme versichert, die Geladenen wären dermaßen bezaubert von dem Essen gewesen, dass sie beim Gehen versichert hätten, gerne wiederzukommen. Der Meister wird sich diesmal wohl bedeckt gehalten haben. Was für eine Tortur an einem Essen der »Spitzenkräfte« – der »wichtigen Spitzenkräfte« – teilnehmen und seine Zeit damit zubringen zu müssen, Albernheiten anzuhören.

Daher handelt es sich ganz gewiss um einen hochgradig gereizten Mann, der am frühen Nachmittag zu Fuß in Richtung des Collège de France aufbricht. Dieses Detail ist nicht unwichtig. Die Freunde des Meisters glauben, dass dieser Zustand tiefster Entrüstung zum Teil den aus Unachtsamkeit begangenen Fehler erklärt, der ihm in der Rue des Écoles unterlaufen wird. Ein Fehler aus Unachtsamkeit, der ihm gar nicht ähnlich sieht. »Als eifriger Fußgänger wies er uns stets an, beim Überqueren der Straße doppelt vorsichtig zu sein, angesichts der steigenden Zahl von Autos«, gesteht ein Vertrauter. Einige, wie zum Beispiel Sollers, glauben sogar, dass François Mitterand für diesen Unfall verantwortlich ist, weil sich Roland so sehr darüber geärgert habe, zu diesem Essen gegangen zu sein, das er dann derart aufgebracht wieder verließ. »Mitterand hat ihn umgebracht«, wird der Autor von *Femmes* in seiner Anklageschrift fast behaupten.

Sicher ist, dass der Meister sich wegen eines Technikproblems zum Collège de France begab. Da er schon öfter Probleme mit der unzuverlässigen Logistik des Hauses gehabt hatte, wollte er sich vergewissern, dass ein Projektor da war und sich in funktionstüchtigem Zustand befand. In Anschluss an seine Vorlesung wollte er ein Seminar über »Proust und die Fotografie« abhalten. In diesem vergleichsweise kleinen Rahmen wollte er Dias von Freunden und Familienmitgliedern des Schriftstellers zeigen, die Personen in *Auf der Suche nach der verlorenen Zeit* inspiriert hatten.

Seit zwei Jahren klagte Roland darüber, sich mit der »Verwaltung« abplagen zu müssen. Und auch sein letzter Tag als sein eigener Herr war völlig dieser verteufelten Verwaltung gewidmet: Morgens das Abtippen eines für ein Kolloquium bestimmten Textes, mittags ein Essensempfang, nachmittags ein Abstecher zum Collège de France, der nicht nötig gewesen wäre, wenn ihm eine zuverlässige Sekretärin zur Verfügung gestanden hätte. Es ist an einem Tag »ohne«, an dem der Meister vor der Institution zu Fall kam, in die er drei Jahre zuvor auf dem Höhepunkt seines Ruhmes eingetreten war. Ein Tag ohne eine jener kleinen Freuden, die für ihn das Leben überhaupt erst lebenswert machten.

Der Unfall selbst ist von einer bestürzenden Banalität: ein von einem Lieferwagen angefahrener Fußgänger. Wer war schuld? Ohne jede Frage der Fahrer des Fahrzeugs, ein Reinigungsfachmann aus den Vororten. Aber der Meister wird sich, in der Zeit, die ihm noch zu leben bleibt, darüber ärgern, den Zusammenstoß nicht vermieden zu haben. »Was für eine Dummheit, was für eine Dummheit!« Mit diesen Worten empfängt er die ihm Nahestehenden am Abend im Krankenhaus Pitié-Salpêtrière, in das man ihn gebracht hatte. Der Reinigungsangestellte ist im Unrecht: Roland hat die Straße vorschriftsmäßig auf dem Zebrastreifen überquert. Aber für den Fahrer sprechen mildernde Umstände: Ein Auto aus Belgien, in zweiter Reihe geparkt, versperrte ihm teilweise die Sicht. Dieses zweite Auto hätte den Meister dazu veranlassen müssen, seine Vorsicht zu verdoppeln. Und dieses Versäumnis ist es, das er sich vorwirft. Nach seinem Tod wird sein Anwalt dem kleinen Bruder vorschlagen, den Reinigungsfachmann auf der Grundlage des Polizeiberichts zu belangen. Der Zweitgeborene weigert sich. Teilweise wohl deshalb, weil es zwecklos gewesen wäre, aber auch deshalb, weil er wusste, dass sein älterer Bruder davon überzeugt war, selbst einen Fehler begangen zu haben.

Der Unfall wird von einem merkwürdigen Umstand begleitet. Die Sanitäter, die vor Ort eintreffen, können bei dem unter Schock stehenden Verletzten keinen Ausweis finden. »Roland hatte stets die vorgeschriebenen Papiere dabei, er ging nie ohne seinen Personalausweis und sein Adressbuch aus dem Haus«, betont der kleine Bruder, der glaubt, ein Passant habe die Papiere und auch die Uhr gestohlen, als sein älterer Bruder auf der Straße lag. Alles, was die Polizisten entdecken können, ist sein Ausweis vom Collège de France. Da der Unfall vor dem Gebäude stattgefunden hat, erkundigen sie sich dort. Man benachrichtigt Michel Foucault. Einigen Zeugenaussagen zufolge kommt er persönlich, um zu bestätigen, dass es sich bei dem Verunglückten um Roland Barthes handelt. Auf jeden Fall ist er es, der am späten Nachmittag erst Youssef und Jean-Louis, dann den kleinen Bruder anruft.

Die beiden Familien stürzen in das Krankenhaus, wo sie den Meister in der Eingangshalle auf einer Tragbahre vorfinden. »Zerschunden und blutbefleckt«, so der kleine Bruder, der Youssef auf den Fersen folgt. Roland ist bei Bewusstsein und klagt bereits, wie absurd seine Situation sei. Für die ihm Nahestehenden ist etwas anderes wichtig: Er hat zahlreiche Blutergüsse erlitten, hat gebrochene Rippen, aber ein lebenswichtiges Organ ist nicht betroffen. »Zu Beginn war da nichts, worüber wir uns Sorgen gemacht hätten«, führt der kleine Bruder aus. »Es sah nicht ernst aus; wir sagten uns, das wird morgen schon wieder besser sein«, erinnert sich Youssef. Alle verlassen den Meister erleichtert: Er wird einen langen Krankenhausaufenthalt durchmachen müssen, aber er wird wieder auf die Beine kommen. Die Nachricht von AFP, die den Unfall verkündet, kommt ziemlich spät. François, der Freund und Verleger, wirft sich vor, dem gelehrten Mikrokosmos versichert zu haben, der Unfall sei nicht schwer gewesen.

35 Ein schlechter Patient

»Ihrem Freund geht es sehr schlecht.« Als Eugène Ionesco eine Woche darauf Julia Kristeva und Philippe Sollers, die ihm am Boulevard Montparnasse einen Besuch abstatten, mitteilt, dass sich der Meister in einem kritischen Zustand befinde, fallen sie aus allen Wolken. Sie hatten sich auf die beruhigenden Nachrichten, die vom Verlag Le Seuil in Umlauf gebracht worden waren, verlassen und waren überzeugt, sein Zustand gebe keinen Anlass zur Sorge.

Hat bei seinen Vertrauten die bewusste Absicht bestanden, die Wahrheit zu verbergen? Anfangs waren die Verletzungen wirklich harmlos gewesen. Aber Roland wurde bald an »seiner Achillesferse, den Lungen« getroffen, wie der kleine Bruder sagt. Als ehemaliger Tuberkulosepatient und leidenschaftlicher Zigarrenraucher wurde er direkt in seiner ersten Nacht im Krankenhaus Opfer von Atembeschwerden, sodass er schließlich sogar intubiert werden musste. Diese Entscheidung der Ärzte hat eine fürchterliche Folge: Er kann nicht mehr sprechen. Um seinen Willen kundzutun, muss er mit den Händen gestikulieren oder kleine Nachrichten schreiben. Eine Situation, die ihn deprimiert. »Er ertrug es nicht, dieser Stimme beraubt zu sein, die einen Großteil seines Charmes ausmachte«, meint ein Schüler. Diese Stimme, die »eine von Büchern und Einsamkeit genährte Vornehmheit ausstrahlte«, wie Julia Kristeva geschrieben hat.

Sollers und seine Lebenspartnerin eilen in die Pitié-Salpêtrière, wo man ihnen einen lautstarken Empfang bereitet.

Als Unterstützung des kleinen Bruders lösen sich die Houëlianer am Empfang gegenseitig ab, um den Meister zu beschüt-
zen, um zu vermeiden, dass er zu sehr gestört wird, und um
Störenfrieden den Zugang zu seinem Zimmer zu verwehren.
Aber Philippe Sollers und Julia Kristeva durchbrechen die Bar-
riere: Man hat sie belogen und sie glauben ein Recht zu haben
zu wissen, was los mit ihm ist. Roland hat Kristeva einmal als
»Bulldozer« bezeichnet. Jetzt wird sie ihrem Spitznamen voll
und ganz gerecht.

In zwei ihrer später entstandenen Werke hat das Paar unabhängig voneinander über diesen Besuch berichtet, der sie
fassungslos machte. Sollers in *Femmes*: Roland »am Tropf im
Sterben liegend. Da lag er, fast nackt, überall Schläuche. Seine
fiebrigen Augen richteten sich auf mich, sein Mund murmelte:
Danke, danke, als ich einige Worte stammelte, dass er durch-
halten müsse, dass ich bei ihm wäre. Er machte eine schwache,
mechanische Handbewegung, die den Wunsch zum Ausdruck
brachte, man möge die Schläuche abschalten, damit endlich
Schluss sei. Ich sah, wie er sich der Länge nach ausstreckte, wie
ein Ertrunkener.«

Julia Kristevas Bericht in *Les Samouraïs* ist genauso mitleid-
erregend. Sie flüstert dem Meister zu: »Sie fehlen uns, man erwartet sie. Die Augen glasig vor Müdigkeit und von den Me-
dikamenten, das Gesicht erschöpft, machte er eine seiner
Handbewegungen des Aufgebens und des Abschieds in meine
Richtung, die mir sagte: Besuchen Sie mich nicht mehr, wozu
denn noch ... Als ob ihm dieses Leben lästig sei.« Kristeva begreift nicht, was den Meister dazu drängt, »sich mit dieser
sanften und bestimmten Entschlossenheit davonzumachen.
Nichts ist überzeugender als die Weigerung zu leben, wenn
sie ohne Hysterie kundgetan wird. Nicht der geringste Liebes-
wunsch, einfach nur die animalische und endgültige Ablehnung der Existenz. Man hat das Gefühl, verrückt zu sein, sich

an die ›Leben‹ genannte Regung zu klammern, die der Sterbende mit so viel Gleichgültigkeit aufgibt«.

Kristeva versucht trotz allem, Roland zum Leben zu überreden. Sie hatten zusammen eine Reise ins maoistische China unternommen. Sie kannte sein Faible für das »Reich der Zeichen«. Sie sagt ihm, dass sie »zusammen nach Japan oder ans Ufer des Atlantik zurückkehren« werden, »das ist großartig für die Lungen«. An ihrer Seite ergreift Sollers schweigend die Hand des Meisters: »Was soll man jemandem sagen, der nicht mehr will?«, fragt sich Kristeva. Sollers gerät schließlich ins »Stammeln«: »Sie haben das Recht dazu, das kann ihnen niemand verweigern. Alles in allem haben Sie sich ihr ganzes Leben lang kontrolliert. Loszulassen kann da wie ein Vergnügen wirken, wie eine Narkose, vor der Sie sich, wie Sie mir eines Tages sagten, fürchteten. Aber ich teile die Todessehnsucht nicht. Bleiben Sie!«

Er wird nicht bleiben. Beim Hinausgehen verlangt das Paar, einen Arzt zu sprechen. Erneut sind die Houëlianer empört. »Kristeva war hysterisch, sie brüllte: ›Das ist der reine Wahnsinn, man lässt ihn einfach sterben, man lässt ihn einfach sterben!‹«, erzählt einer von ihnen. Der Arzt bedauert, aber der Meister sei ein sehr schlechter Patient: »Wie ging es ihm denn vor dem Unfall? Er kämpft überhaupt nicht.« Da Roland ihr einige Tage zuvor versichert hat, »den Kopf in Gips« stecken zu wollen, ist Kristeva nicht überrascht: »Er hatte eine Depression. Die Trauer um seine Mutter hat ihn umgebracht.« Sie beschuldigt »die schlechten Besprechungen seines letzten Buches«. Und ferner: »Die hohen Tiere der Universität mochten seinen Unterricht nicht: zu mondän, zu populär, zu sehr dies, zu wenig das. Er wusste es: Es hat ihn gedemütigt.«

Im Hof des Krankenhauses muss Sollers »sich zusammenreißen, um nicht ohnmächtig zu werden«: »Ich bin wieder zu ihm hinaufgegangen. Sein Herz schlug, auf und ab, auf dem schwarzen Ozean. Angeschlossene Kabel, rot und gelb blinkende Knöpfe. Ich merkte, dass ich mich aufs Bitten verlegt hatte. Da fiel mir in dieser niederschmetternden, verzweifelten Situation, angesichts der grausamen Idiotie dieses einsamen Endes plötzlich wieder ein Bild ein: das eines zutiefst Armen, eines Clochards.« Auf der Straße muss Kristeva weinen. Schluchzend sagt sie: »Diesmal geht er von uns«. Und darauf: »Wenigstens wird er dann seine Mutter wiederfinden.« Sollers gewinnt seine Fassung wieder, indem er die Haltung des Meisters akzeptiert, der »seine Sterbestunde selbst wählt. Alle jene, die flennen, machen sich über ihn lustig und zerfließen bloß in Selbstmitleid«.

Alle, die Roland im Krankenhaus besuchen, waren erschüttert von seinem Elend. Elend? Das Wort ist zu schwach. Als Éric ihn zum ersten Mal besucht, ist die Prognose der Ärzte noch zuversichtlich. Und dennoch entdeckt dieser aufmerksame Schüler in den Augen des Meisters »einen Abgrund an Traurigkeit«. In »Mémoire d'une amitié« schreibt er: »Ich musste unwillkürlich zurückweichen, so sehr hatte ich den Eindruck, der Tod sei da und ersticke ihn.« Nur ein anderes Mal hat Éric in einem Dokumentarfilm einen ähnlich verzweifelten Blick gesehen: »Es war der eines Tieres, das gerade von einer riesigen Boa bei lebendigem Leibe verschlungen wird.« Wie auch Sollers und Kristeva gesteht er seine Hilflosigkeit ein: »Ich spürte, als ich ihn so daliegen sah, wie das Leben entwich, ohne dass man es hätte verhindern können.«

Diese Berichte sagen alles: Der Meister hat sich aufgegeben. Seine Absage an das Leben war »animalisch«: Einmal mehr ist es dieses Bestimmungswort, das den Vertrauten auf der Zunge liegt oder in die Feder fließt. Infolgedessen haben einige versucht, die Geschichte umzuschreiben: Roland hätte sich vor den Lieferwagen geworfen, sosehr hätte er sich danach gesehnt, mit Mam im Tode wieder vereint zu sein. Das ist nicht korrekt.

Anfangs war er wirklich untröstlich, einen Unfall gehabt zu haben, und hoffte, bald wieder herauszukommen. Aber die Intubation hat ihn in einen echten Zustand der Hilflosigkeit versetzt: Er hat in der Furcht vor einem Luftröhrenschnitt gelebt. Philippe, der befreundete Botschafter: »Er hat mir ein Zeichen gemacht, man wolle ihm die Gurgel durchschneiden.« »Er hat nicht ums Überleben gekämpft«, sagt Youssef traurig. »Er hatte nicht mehr die Kraft zu kämpfen, um da wieder herauszukommen«, wirft François ein, der Freund und Verleger.

Seine Todessehnsucht hat ihn mitgerissen – und tatsächlich hat er versucht, die Schläuche herauszureißen, die ihn mit dem Leben verbanden –, aber es waren seine schwachen Lungen, die sein Ende herbeigeführt haben. Als er einen Monat nach seiner Einlieferung ins Krankenhaus starb, hat der Gerichtsmediziner geschrieben: »Der Unfall ist nicht die unmittelbare Todesursache gewesen, hat aber die Lungenkomplikationen bei einem mit einer chronischen Atemwegsschwäche behafteten Individuum begünstigt.«

Die Berichte des Paares Kristeva-Sollers zeigen aber auch, dass die Spannungen zwischen Rolands verschiedenen Freundeskreisen ihren Höhepunkt erreichten, als er im Sterben lag. Der Schriftsteller gesteht, von dem Empfang der Houëlianer schockiert gewesen zu sein: »Hast du nicht gesehen, wie die mich angeschaut haben? Rundweg feindselig«, sagt er auf der Straße zu seiner Lebenspartnerin, die von einem »Klassenhass« redet. Die Houëlianer wiederum sprechen von diesem Besuch wie von einer Vergewaltigung. Der kleine Bruder betont den Leidensweg von Roland angesichts des wiederholten Eindringens nahestehender oder weniger nahestehender Menschen. »Er war das Opfer von krankhaft neugierigen Leuten. Es war ein Kommen und Gehen. Es wurde versucht, dem Einhalt zu gebieten. Er konnte sich in seinem Bett ja nicht wehren. Das hat ihn, der so schamhaft und verschlossen war, getötet.« »Der

Andrang war verrückt, man wusste nicht, wie man ihn steuern sollte«, hat Jean-Louis berichtet. »Die Leute schlugen sich im Gang vor dem Zimmer«, versichert ein anderer Schüler. Es wird beschlossen, die Anzahl der Personen, die berechtigt sind, jederzeit das Zimmer zu betreten, auf fünf zu begrenzen: der kleine Bruder, Youssef und Jean-Louis, die beiden wichtigsten Houëlianer, der andere Roland, der so sehr Geliebte, und Romaric, der es nicht geschafft hat, der letzte Lebenspartner zu werden.

In seinem Zimmer dämmert der Meister vor sich hin. Der kleine Bruder liest ein Telegramm von François Mitterand vor, der ihm eine baldige Besserung wünscht. Er zuckt mit den Schultern: »Das ist nicht mehr wichtig.« In den letzten Tagen hat er resigniert. »Er hat uns geschrieben: Vom Winde verweht«, erzählt Youssef. Da auch er von dem »Reich der Zeichen« fasziniert ist, glaubt Jean-Louis, ein japanischer Reanimationsarzt könne Roland retten: Soeben wird in Paris ein Kongress abgehalten, der Reanimationsärzte aus der ganzen Welt versammelt. Aber die von Jean-Louis unternommenen Schritte führen zu nichts: Die japanische Medizin wird dem Meister nicht zu Hilfe kommen.

Er verweigert praktisch die Kommunikation, schwermütig in einem Halbkoma. François, der Freund und Verleger, kommt auf einen Besuch vorbei, streckt ihm die Hand hin. »Roland hat sie derart fest gedrückt, dass ich sie nicht wegziehen konnte. Ich weiß nicht, ob das ein letztes Zeichen war oder eine Reflexbewegung.« Der Meister stirbt am 26. März 1980 zwanzig Minuten vor zwei Uhr. Zu den Lungenkomplikationen ist eine im Krankenhaus geholte Infektion hinzugekommen. Das Schicksal wollte es, dass er sie nicht überstehen sollte.

Mehr und mehr erschöpft, mehr und mehr genervt von den »Kletten«, wohlwissend, er würde sein »Großes Werk« nie schreiben, in Trauer wegen Mam, dem anderen Roland und den Jungs hat der Meister Sollers bei einer ihrer letzten Begegnungen erklärt, er hoffe, »den Autos auszuweichen«. Er wollte noch mehr: dem Leben ausweichen.

Epilog

Das Foto hing bei meiner Großmutter mütterlicherseits im Wohnzimmer, über einem schweren, mit grünem Samt bezogenen Sofa. Als Kind habe ich es niemals richtig angeschaut, aber seine Anwesenheit sehr wohl auf der Festplatte meines Gedächtnisses gespeichert. Später, nach dem Tod meiner Großmutter, hat Mama es in ihrem Zimmer aufgehängt, ihrem Bett gegenüber. Erneut habe ich mich damit zufriedengegeben, es zu registrieren. Das Foto war immer schon Teil meines Lebens, meines Familienlebens, aber ich habe es nie wirklich in Besitz genommen, bevor ich dieses Buch schrieb.

Ja, es zeigt meine Mutter als Kind. In dem kleinen Spiel der Korrespondenzen mit Roland Barthes, ist es ein zusätzliches Zuzwinkern. Nur dass ich auf diesem Foto Mama nicht wiedererkenne. Ich glaube sogar, dass ich es deshalb nie richtig betrachtet habe: Das kleine, magere Mädchen, herausstaffiert mit einer unmöglichen weißen Schleife und bekleidet mit einem raschelnden Kleid, das in Begleitung seiner Eltern und seines großen Bruders aus Anlass der feierlichen Kommunion des Letzteren bei einem Fotografen posiert hat, ist mir vollkommen fremd. Um eine Barthes'sche Differenzierung aufzugreifen, ich weiß, »es ist so gewesen«: die Familienchronik ist unbestechlich, das ist Mama im Alter von sieben Jahren. Aber ich kann mir auf gar keinen Fall sagen, »das ist es«. Die Reifezeit hat die Züge der Kindheit ausgelöscht.

Von den vier Personen, die auf dem Bild posieren, ist es sogar gerade Mama, die ich am wenigsten wiedererkenne. Ich erkenne meinen Großvater aus dem Grund, weil ich ihn nie anders als von Fotografien gekannt habe: Er sieht sich hundertprozentig ähnlich. Mit etwas Mühe entdecke ich bei meiner Großmutter und meinem Onkel eine gewisse Ähnlichkeit mit meinen Erinnerungen an sie: die stolze Haltung meiner Großmutter, der buschige Blick meines Onkels kommen mir bekannt vor. Aber Mama, diese Unbekannte … Nur wenn ich sie zergliedere, in Gesichtsform, in Schmollmund und traurigen Blick, werden in mir Fotos heraufbeschworen von … mir als Kind. Ob sich Roland Barthes auf dem Wintergarten-Foto wohl auch selbst wiedererkannt hat?

Meine Tochter hat mich nach dem Tod von Mama überrascht. Sie hat darum gebeten, dieses Bild haben zu dürfen, um es in ihrer Wohnung aufzuhängen. Da wurde mir bewusst, dass es auch Teil ihrer Welt war. Aber sie hat es viel genauer unter die Lupe genommen als ich. Sie vertraute mir an, dass sie sehr gerührt war, ihre Großmutter in den Zügen eines kleinen Mädchens wiederzuerkennen, die genauso zart waren wie die ihren. Ich bat darum, dieses Foto noch ein wenig behalten zu dürfen, bevor ich es ihr überließe. Je länger ich es betrachte, desto mehr entdecke ich Mama, desto weniger finde ich sie wieder, desto mehr finde ich mich in Mama wieder. Wenn ich das Kleid und die Haare unberücksichtigt lasse, habe ich den Eindruck, das Gesicht des Schülers zu sehen, der ich gewesen bin. Mir kommt manchmal eine verrückte Idee: Es handele sich in Wirklichkeit um eine Montage, ein geschickter Spaßvogel habe mein Gesicht in ein altes Foto eingefügt. Zweifellos habe ich es deshalb lange Zeit wahrgenommen, ohne es zu sehen: Mir war die Ähnlichkeit mit Mama peinlich.

In seiner letzten Vorlesung, zur gleichen Zeit, als er seine Unfähigkeit eingestand, einen Roman schreiben zu können (einen Roman, in dem sich alles um Mam gedreht hätte), hat Roland merkwürdigerweise geäußert, er hoffe, »man« würde ihn eines Tages an seiner statt schreiben. »Ah! Sie werden das Buch schreiben, das Roland machen wollte«, hat mir im Verlauf meiner Recherchen ein Vertrauter entgegnet, dem ich mein Vorhaben darlegte. Ich hatte keineswegs diese Absicht: Mam war Rolands ureigenster Besitz, den er zu Lebzeiten nur widerwillig mit dem kleinen Bruder teilen konnte. Heute, wo sie nicht mehr ist, wäre es ungehörig, einen Teil davon zu beanspruchen. Aber zwischen allen Muttersöhnen existiert mehr als nur eine Verwandtschaft: eine Blutsverwandtschaft.

Bei der Beerdigung von Mama habe ich einen Abschnitt aus dem *Das Buch meiner Mutter* von Albert Cohen vorgelesen: »Als ich ging, stand sie am Fenster, um noch eine Minute länger mit mir zusammenzusein und über diese entschwindende Figur nachzudenken, die ihr Sohn und ihre Bestimmung auf dieser Erde war ...« Albert Cohen hat dieses Buch nach dem Tod seiner eigenen Mutter geschrieben: »Wenn ich jetzt von zu Hause fortgehe«, fährt er fort, »wende ich noch immer den Kopf, ein wenig scheu und verloren. Aber da ist niemand mehr am Fenster.« Das hat Roland Barthes niemals akzeptieren können: Mam nicht mehr am Fenster stehen zu sehen ...

Danksagung

Dieses Buch speist sich aus drei Quellen. Der Autor hat über geraume Zeit zahlreiche Freunde und Verwandte von Roland Barthes getroffen. Die Mehrzahl war bereit, mit mir über seinen Lebensweg zu sprechen. Dafür sei ihnen aufrichtig gedankt. Der Autor hat beschlossen, für gewöhnlich nicht mehr als den Vornamen der interviewten Personen in seinem Text zu erwähnen und ihre Nachnamen zu verschweigen, um ihre (verhältnismäßige) Anonymität zu wahren. Barthes selbst hat seine Freunde in einigen seiner Werke beim Namen genannt.

Der beste Zeuge für das Ende des Lebens von Roland Barthes bleibt er selbst. In seinem Werk und in zahlreichen Artikeln und Interviews hat er seiner Neigung zur Autobiografie immer wieder nachgegeben. Der Autor hat insbesondere unmäßig Gebrauch von dem Buch *Begebenheiten* gemacht, das nach Barthes' Tod erschienen ist und in dem er detailliert auf seine Beziehungen mit Jungen eingeht. Er hat sich auch die Freiheit gestattet, bestimmte Zitate zu »glätten«, um nur das Wesentliche zu bewahren.

Im Verlauf der Jahre ist Barthes auch zu einer literarischen Figur geworden, die in zahlreichen Romanen und Erzählungen heraufbeschworen wird. Der Autor hat insbesondere die Zeugnisse von Philippe Sollers und Julia Kristeva herangezogen, wie auch den schönen Text von Éric Marty, »Mémoire d'une amitié« – auch da wurden einige Zitate »geglättet«.

Zuletzt soll aber noch ein spezieller Dank an Raphaëlle Bacqué und Jean-Marc Roberts gehen, ohne deren Hilfe und Zuspruch dieses Buch zweifellos nicht über den Projektstatus hinausgekommen wäre.

Bibliografie

Hauptsächlich zitierte Werke

Roland Barthes: *Roland Barthes par Roland Barthes*, Le Seuil, Paris 1975 (coll.»Écrivains de Toujours«); dt.: *Über mich selbst*. Übersetzung Jürgen Hoch, München 1978

Ders.: *La Chambre clair. Note sur la photographie*, Les Cahiers du cinéma/Gallimard/Le Seuil, Paris 1980; dt.: *Die helle Kammer. Bemerkungen zur Photographie.* Übersetzung Dietrich Leube, Frankfurt a. M. 1985

Ders.: *Incidents*, Le Seuil, Paris 1987; dt.: *Begebenheiten. Incidents.* Übersetzung Hans-Horst Henschen, Mainz 1988

Ders.: *Œuvres complètes*, tome 5. Livres, textes, entretiens, 1977-1980, Le Seuil, Paris 2002; dt. *Leçon/Lektion.* Übersetzung von Helmut Scheffel, Frankfurt a. M. 1980; *Die Körnung der Stimme. Interviews 1962-1980.* Übersetzung Agnes Bucaille-Euler, Birgit Spielmann und Gerhard Mahlberg, Frankfurt a. M. 2002; *Das Rauschen der Sprache.* Übersetzung von Dieter Hornig, Frankfurt a. M. 2006 (= *Kritische Schriften IV*)

Ders.: *La Préparation du roman I et II. Cours et séminaires au Collège de France 1978-1979 et 1979-1980*, Le Seuil/Imec, Paris 2003; dt.: *Die Vorbereitung des Romans. Vorlesung am Collège de France 1978-1979 und 1979-1980.* Übersetzung Horst Brühmann, Frankfurt a. M. 2008

Louis-Jean Calvet: *Roland Barthes*, Flammarion, Paris 1990; dt.: *Roland Barthes. Eine Biographie.* Übersetzung Wolfram Bayer, Frankfurt a. M. 1993

Collectif: *Prétexte Roland Barthes/Cerisy 1977*, 10/18, Paris 1978

Julia Kristeva: *Les Samouraïs*, Gallimard, Paris 1998

Éric Marty: »Mémoire d'une amitié«, in: *Barthes. Le métier d'écrire*, Le Seuil, Paris 2006

Alain Robbe-Grillet: *Pourquoi j'aime Barthes*, Christian Bourgois, Paris 1978

Philippe Sollers: *Femmes*, Gallimard, Paris 1983

Weitere zitierte Werke

Roland Barthes: *Fragments d'un discours amoureux*, Le Seuil, Paris 1998 (col. »Tel Quel«); dt.: *Fragmente einer Sprache der Liebe*. Übersetzung Hans-Horst Henschen, Frankfurt a. M. 1984

Ders.: *Comment vivre ensemble, cours et séminaires au Collège de France (1976-1977)*, Le Seuil/Imec, Paris 2002; dt.: *Wie zusammen leben. Vorlesungen am Collège de France 1976-1977*. Übersetzung Horst Brühmann, Frankfurt a. M. 2007

Ders.: *Le Neutre. Cours au Collège de France (1977-1978)*, Le Seuil/Imec, Paris 2002; dt.: *Das Neutrum. Vorlesungen am Collège de France 1977-1978*. Übersetzung Horst Brühmann, Frankfurt a. M. 2005

Michel-Antoine Burnier u. Patrick Rambaud: *Le Roland Barthes sans peine*, Balland, Paris 1978

Albert Cohen: *Le Livre de ma mère*, Gallimard, Paris 1954; dt.: *Das Buch meiner Mutter*. Übersetzung Lilly von Sauter, Stuttgart 1984

Patrick Mauriès: *Roland Barthes*, Le Promeneur, Paris 1992

Roger Peyrefitte: *La Mort d'une mère*, Flammarion, Paris 1992

René Pommier: *Assez décodé!*, Roblot, 1978

Romaric Sulger Buel: *Roland Barthes artista amador*, Centro cultural do Brasil, 1995

Konsultierte Literatur

»Roland Barthes après Roland Barthes«, in: *Rue Descartes*, 34 (2001)
Communications, 36 (1982)
Poétique, 47 (1981)
Roland Barthes au Collège de France, Imec, 2002
Catalogue de l'exposition Roland Barthes au Centre Pompidou, Le Seuil/Centre Pompidou/Imec, 2002
Roland Barthes: »Chroniques hebdomaires«, in: *Le Nouvel Observateur* (1978-1979)

Ebenfalls im Parthas Verlag erschienen

Hazel Rowley: *tête-à-tête – Leben und Lieben von Simone de Beauvoir und Jean-Paul Sartre*, Berlin 2007

Vicente Valero: *Der Erzähler – Walter Benjamin auf Ibiza 1932 und 1933*, Berlin 2008

Stanislaw Lem: *Der Widerstand der Materie – Ausgewählte Briefe*, Berlin 2008

Dino Heicker (Hg.): *Francis Bacon – Ein Malerleben in Texten und Interviews*, Berlin 2009